6,50

Editorial Bruño

Diseño de cubiertas
Miguel GARCÍA RAMOS

Diseño de interior
Miguel GARCÍA RAMOS
M.ª Jesús VELASCO

Ilustración
Juan M. CICUÉNDEZ

Traducción
Magdalena OLMEDA

Dirige la Colección
Trini MARULL

alta mar

GIANNI PADOAN

Premio Unesco

Concierto de libertad

Comentario del texto
Patricia y Alejandro MICHELETTI

Primera edición: octubre 1988
Segunda edición: noviembre 1988
Tercera edición: mayo 1989

Fotocomposición: BRUÑO
Fotomecánica: SERVIGRAFINT
ISBN: 84-216-0980-7
Depósito legal: M-8956-1989
Imprime y encuaderna: MELSA

GIANNI PADOAN

Gianni PADOAN

- Escritor italiano.
- Ha superado ya, desde hace tiempo, el centenar de novelas publicadas. Destacan: *Sombras de la ciudad, Robinsón del espacio, ...*
- En 1980 obtuvo el *«Libro de oro»* por el millón de ejemplares vendidos de sus obras.
- Ha ganado tres veces el premio *«Bancarellino»* y, además, el *Premio «Unesco»*, el *«Castello»*, el *«Lunigiana»* y el *«Da Vinci»*.
- Sus novelas han sido traducidas al inglés, francés, alemán, castellano, catalán, flamenco y otras lenguas.
- Ha traducido obras de Kipling, Dumas, Verne... últimamente ha tenido gran aceptación su versión de la *Odisea.*
- Actualmente es responsable de la Editorial Papiro en Roma.

alta mar

para ti ...

¡La vida es bella! Hasta en los momentos más difíciles, cuando parece que ya no puedan soportarse más los sacrificios, el dolor, la infelicidad... créeme, jamás habrá alegría más grande y más pura que la alegría de vivir.

1 Un toque de timbal

LA orquesta enmudeció tras los últimos compases de la *Sinfonía nº 94 en sol mayor de Haydn,* la popularísima "Sorpresa". El programa había terminado con esa pieza. La enorme sala llena de gente cayó en un silencio inducido por la misteriosa sonoridad de la música y el público quedó absorto, casi resistiéndose a salir del encantamiento en que le había sumido el concierto y volver al mundo de las palabras y los ruidos.

El director de orquesta depuso lentamente la batuta, extenuado por el esfuerzo nervioso y por la concentración que le suponía cada interpretación para recrear las sensaciones más íntimas de la partitura y adueñarse con una disposición magnética de cada instrumento en particular. También los músicos bajaron los violines y los instrumentos de viento; el timbalero abandonó las grandes mazas sobre el disco de piel. Todos estaban exhaustos y agotados, sudorosos y jadeantes, pero satisfechos.

Después estalló en el gallinero un aplauso que en seguida se propagó a los palcos y al patio de butacas con una explosión delirante:

— ¡Bravo! ¡Bravo!

El anciano y famoso director de orquesta —una figura hierática y fascinante a la que el cabello plateado y abultado coronaba como una fronda de laurel— se volvió hacia el público y se inclinó ligeramente en señal de agradecimiento, lo cual hizo resonar con más fuerza los aplausos:

— ¡Bravo! ¡Bravo!

Casi imitando los "crescendo" orquestales, la petición se hizo apremiante, imperiosa, ensordecedora... pero el famoso músico abandonó con rapidez el escenario acompañado por los aplausos frenéticos hasta detrás del bastidor.

Su secretario, el empresario y un par de empleados lo rodearon para protegerlo de los admiradores y curiosos:

— ¡Un autógrafo, Maestro! —reclamaban cien voces.

— ¡Por favor, señores, dejen pasar! ¡Abran paso, por favor!

— Fírmeme un disco...

— ¡Por favor, abran paso!

Fue difícil atravesar el corrillo de admiradores y llegar al camerino, que ya estaba atestado de amigos y conocidos (o presuntos tales), de músicos, críticos, periodistas, fotógrafos...

El director de orquesta estrechó docenas de manos sin tener tiempo siquiera de mirar la cara de quien le dirigía elogios y felicitaciones:

— ¡Una interpretación fabulosa, Maestro, una ejecución perfecta!

— Gracias, gracias...

Tuvieron que intervenir hasta los dos bomberos de servicio para que, entre empujones y protestas, el músico pudiese estar tranquilo en su camerino acogedor: un oasis de paz. El secretario cerró la puerta y se apoyó en ella tomando aliento.

— ¡Un triunfo, Maestro! —dijo—. Para usted no es novedad un éxito semejante, sin embargo, hoy ...

El director de orquesta lo interrumpió con un gesto brusco de la mano:

— Los aplausos, las críticas... ¡Oh, basta! Podría decirse que sólo se preocupan del ruido y no saben entender, en cambio, lo que debe ser.

— ¿No está satisfecho, Maestro?

— Querido Alberti, no es la primera vez que no me satisface la ejecución. En tales ocasiones desearía cortarme estas manos que me parecen vulgares, insignificantes, desearía cortarme todo el brazo, y cuando bajo de la tarima me siento tremendamente infeliz.

— La orquesta no era de las mejores —aseveró el secretario.

— Al contrario, es una excelente orquesta. Además no hay buenas o malas orquestas: sólo hay buenos y malos directores.

— Usted es un gran director —el otro recalcó la voz en el "gran".

— Sabe, Alberti, las orquestas son como los

caballos de raza: si se dan cuenta de que uno es tímido o está inseguro, no corren. Por el contrario, un buen jinete logra hacerlos avanzar aunque estén cansados. Pero quizá empiece a ser demasiado viejo para montar un pura sangre.

Alberti sabía que cuando el músico se encontraba en ese estado de ánimo era mejor no importunarle con discursos que no podían persuadirlo, y esperar a que se calmara la tempestad desencadenada en él por la violencia interpretativa durante los largos minutos pasados en la tarima: un auriga que sostiene la batuta como si se tratase de las riendas de cien caprichosos caballos:

— ¿No oye, Maestro?

El secretario reclamó la atención del director de orquesta sobre el rumor apasionado que llegaba desde el otro lado de la puerta acolchada.

— Sus compañeros y amigos desean saludarle, sus admiradores desean verle, los periodistas quieren entrevistarle...

— ¡No se puede escapar de la consabida tortura! Cuando bajo de la tarima desearía poder hacerme invisible para llegar a algún sitio tranquilo y solitario donde encerrarme en mí mismo, complacerme con esos pasajes que he sabido interpretar y preguntarme por qué otros "movimientos" no se han materializado como yo los sentía. Pero, desgraciadamente, la magia no existe y yo no puedo eludir estas deudas que me impone la celebridad.

— ¿Puedo dejarles entrar, Maestro?

— Sólo a los periodistas. Recibiré a los demás más tarde.

El secretario abrió la puerta temeroso, como si estuviese accionando las compuertas de un dique. Abrió los brazos agarrando con las manos las jambas de la puerta para impedir que se abalanzaran los más impacientes y exaltados:

— ¡Un poco de paciencia, señores! El Maestro recibirá a todo el mundo dentro de poco. Primero los representantes de la prensa, por favor...

Los periodistas y fotógrafos se precipitaron dentro. Con ellos entraron en el camerino dos muchachos que pasaron desapercibidos por la excitación del momento.

Y empezó el bombardeo de preguntas:

— ¡Una declaración, Maestro!

— ¿Le ha satisfecho la interpretación?

— ¡Magistral ese toque de timbal en el segundo "movimiento": de gran efecto!

— Sí: es precisamente por ese improviso y fortísimo toque de timbal por lo que la *sinfonía n.º 94* se llama la "Sorpresa" —sonrió el director de orquesta—. Dicen que Haydn lo introdujo con el malicioso propósito de despertar a las señoras que se hubiesen dormido. El compositor había notado que el público londinense tenía una cierta tendencia a dejarse acunar por la dulzura de la música; de ahí la intención sancionadora de un formidable toque de timbal precisamente en el "movimiento" más tranquilo, para reclamar la participación consciente de un público remolón.

— ¡En realidad nadie se duerme en sus conciertos, Maestro!

— ¿Usted cree? No sé... De todos modos, lo que he contado no es del todo creíble, aunque la historia fue narrada por un crítico del más prestigioso periódico inglés de aquella época, el *Oracle*. El caso es que tanto si fue una intención punitiva como una precisa intuición expresiva, el toque de timbal introduce un elemento decisivo de contraste en el equilibrio de la composición, resultando un contrapeso de la sumisa discreción que lo precede.

— ¡Así es! Y su ejecución ha sido formidable.

— Eso no puedo admitirlo como un cumplido. Ateniéndome a lo que el autor escribió realmente, prefiero que se anteponga la interpretación a la ejecución.

— ¿Ejecución o interpretación? Esto es desde siempre un gran dilema, Maestro —objetó uno de los entrevistadores—. ¿Lo ha resuelto usted?

— Yo no: lo ha resuelto la técnica, en todo caso.

— ¿En qué sentido?

— En el mundo de la música se ha terminado la época de las leyendas y los mitos. Los ejecutores, hoy en día, son meteoros que brillan repentinamente y en seguida desaparecen. Esto depende de los discos y de la televisión, que destruyen el mito nada más formarse. La leyenda aparece en las grabaciones que envasan el sonido y con él las virtudes de las cuales nace. En la actualidad se ha abierto un nuevo capítulo de la historia: el de las interpretaciones musicales, desmesurado campo de investigación en el estudio de la moda y las costumbres.

El maestro hablaba como si los conceptos que expresaba hubiesen de estar necesariamente claros para todos, y los periodistas transcribían con avidez sus palabras. Los dos muchachos, situados en una esquina del camerino, se esforzaban por apuntar en su bloc de notas las frases del célebre Maestro, aunque ninguno de los dos entendía de música lo suficiente para comprenderlo todo.

— Todo intérprete o virtuoso —prosiguió el director de orquesta— pierde su aureola mítica y legendaria para entrar en las noticias: de él importa sobre todo la medida en que logra establecer una relación de entendimiento entre las obras del pasado y el espíritu de su generación...

Se interrumpió bruscamente. Había notado la presencia de los dos muchachos, que no deberían encontrarse ahí dentro.

— ¿Quiénes sois vosotros? —les preguntó con curiosidad.

Los dos muchachos le respondieron sosegados:

— Somos los enviados especiales del *Calabrone*.

— Confieso mi ignorancia: no conozco ningún periódico con este nombre.

— En realidad, el hecho es que —explicó uno de los dos con una turbación evidente— es simplemente el periódico de la escuela Giuseppe Verdi. Nosotros nos ocupamos de la sección musical.

— ¡Interesante! —en la sonrisa del director de orquesta no había ironía alguna: si acaso, una sincera y asombrada complacencia—. Veo que no os da miedo competir con periodistas ilustres...

¿Pero de verdad se interesan los estudiantes por la música clásica? Para mí es una agradable sorpresa.

— ¿Por qué, Maestro? Nos gusta muchísimo la música clásica.

— Bien, bien... Entonces, sois los críticos musicales del *Calabrone*.

— No exactamente: somos los enviados especiales. Nosotros entrevistamos a los personajes importantes, a las celebridades de todos los campos. La última vez fue un futbolista, la anterior una cantante... En fin, esta vez le toca a usted.

— ¡Halagadísimo! Acercaos. Tendré que dedicaros una atención especial, ya que habré de competir con *bombers* y *rock-stars*.

— No es nuestra intención ofenderle, Maestro —puntualizó uno de los dos, el rubito.

— ¿Ofenderme? Nada de eso. Vuestros colegas comprenderán la situación y os darán preferencia encantados, ¿no es así?

— ¡Claro, Maestro! También nosotros sacaremos algo diferente e interesante de su entrevista —afirmó uno—. ¡El director de orquesta más famoso del mundo entrevistado por dos estudiantes de bachillerato! ¡Ésta sí que es una noticia!

— Si me permite —el anciano músico le dirigió una de sus características sonrisas llenas de comprensión y humanidad— yo "daría la vuelta" a la frase: dos muchachos entrevistan a un director de orquesta. Así la noticia será más extraordinaria aún, ¿no le parece?

— Pero que usted conceda su tiempo a...

— Los jóvenes capaces y emprendedores me han gustado siempre —rebatió el Maestro—. Cuando se encuentra a uno, habría que ayudarlo a alcanzar su posición en la vida. ¿No comparten mi opinión, señores?... Vamos, muchachos, poneos cómodos y haced vuestro trabajo. ¿Qué deseáis saber?

El rubito encendió la grabadora y acercó el micrófono al Maestro mientras el otro, el pelirrojo, no apartaba la vista del indicador de grabación con un aire muy profesional.

— ¿Por qué decidió ser director de orquesta? —fue la primera y obligada pregunta.

— ¡Uhm! Sabed, muchachos, que ésta no es una decisión que se pueda tomar: deriva de algo que nace con nosotros y se manifiesta desde la juventud, con una necesidad irresistible de expresar ciertas cosas que se llevan dentro, en el alma.

— ¿Pero cómo se convirtió en director de orquesta?

— Sólo hay una manera de hacerlo: yendo al conservatorio durante muchos años, estudiando composición hasta ser dueño de todos sus secretos. Después se obtiene el diploma y se sufren las primeras pruebas: los concursos internacionales para jóvenes directores de orquesta. Yo gané el de Florencia y así me di a conocer. Uno de los grandes directores de orquesta de entonces me eligió como ayudante suyo y, trabajando con él, fui adquiriendo la experiencia necesaria hasta que me sentí maduro para la prueba más emocionante...

— ¡El debut!

— Sí. Ponerme a la cabeza de una orquesta, ante el público, fue algo excitante y comprometedor.

— ¿Y después?

— Después... todo lo demás. Contratos para conciertos cada vez más importantes, luego grandes *tournées*: el nombramiento de director de un gran teatro y muchos discos, conciertos y más *tournées* en las mayores salas de cociertos del mundo.

— ¿Qué lugares ha visitado, Maestro?

— ¡Sería muy largo citar todas las ciudades! Hace dos meses estaba en Nueva York, el mes pasado en París, antes aún en Buenos Aires, Moscú, Londres, Estrasburgo; con un calendario que no contiene fiestas. Mi profesión consiste en dar vueltas al mundo llevando a los hombres las alegrías y emociones que sólo la música puede ofrecer.

— Usted es famoso, una celebridad internacional...

— ¡Incluso digno de ser entrevistado por el *Calabrone,* parece ser! —el músico se divertía, pero al mismo tiempo se sentía complacido y conmovido—. De cualquier modo, soy consciente de haberos dicho cosas poco interesantes para vuestro periódico.

— En efecto —no vaciló en responder el pelirrojo—. Necesitaríamos una historia, una aventura...

— ¡Ya! Precisamente estaba pensando en algo de eso: una aventura de las que pueden ocurrir incluso a quien hace mi trabajo. Sucedió al principio de mi carrera, cuando todo el mundo parecía enloquecido y la música era quizá la única cosa capaz de aliviar los temores y las penas que todos llevaban dentro de sí. Comenzó en Viena, en julio de 1943.

— En plena guerra —subrayó el rubito.

— Así es. Yo estaba ensayando en el Teatro de la Opera la *Pastoral* de Beethoven...

2 Sinfonía para sirenas y bombas

LA maravillosa sala del famoso teatro vienés estaba inmersa en la oscuridad. Las filas de butacas tapizadas de un terciopelo rojo ya apagado y deteriorado estaban completamente vacías. Por el contrario, el escenario brillaba por las luces y en las gradas se agrupaban los músicos cansados, nerviosos, en mangas de camisa, formando un semicírculo alrededor del entonces joven director en camiseta.

Desde hacía una semana ensayaban la *Pastoral*, la pieza más esperada y difícil del programa; ese día llevaban diez horas ensayando y volviendo a ensayar, desde la mañana, sin lograr superar las dificultades del segundo "movimiento".

— ¡No, no, señores, no está todavía! ¡No está bien aún!

El director interrumpió el ensayo, golpeando con nerviosismo la batuta contra el atril. Le respondió, entre la disonancia de los instrumentos, un murmullo de protesta. Los músicos estaban cansados, peor aún, estaban irritados porque no conseguían entender lo que quería de ellos ese joven y presuntuoso director.

— Maestro, lo hemos hecho lo mejor que hemos podido —replicó Bruckner, el primer violín—. A mi parecer, la ejecución no podría ser mejor.

— No, profesor Bruckner, no estoy de acuerdo. No hemos logrado aún interpretar con exactitud lo que Beethoven pretendía expresar con esta sinfonía.

— Hemos seguido escrupulosamente la partitura poniendo toda nuestra alma. ¿Qué más se puede hacer?

— ¡No, no! Estamos hablando a los oídos, no al alma. ¿La flauta no puede hacer nada mejor que imitar al ruiseñor? ¿Y el clarinete está sólo para remedar el canto del cuco?

— Engañaría incluso a un cazador —se molestó el flautista, que empezaba a no entender lo que se esperaba exactamente de él.

— ¡Precisamente es ése el punto, profesor Tieck! —exclamó el joven director golpeando airadamente su puño contra la palma de la mano—. ¡Beethoven compuso música divina, no simples reclamos para alondras! El canto del ruiseñor, el verso del cuco, el viento, los truenos, tienen en este "movimiento" su sentido preciso, que ha de sugerirse al espíritu del oyente. ¡Ésa es nuestra tarea! Nosotros, en cambio, sólo estamos recordando unos sonidos: agradables y atractivos, pero simples sonidos.

— ¡He aquí unos sonidos mucho menos agradables sin duda! —refunfuñó el contrabajista apoyando con fuerza su voluminoso instrumento en el suelo.

Las luces del escenario se habían apagado y vuelto a encender intermitentemente, para después congelarse en la oscura penumbra de las bombillas rojas de emergencia; desde fuera llegaban los rápidos sonidos rabiosos de las sirenas de alarma. Desde hacía meses todo el Reich nazi era blanco de terribles bombardeos aéreos y estaba entre dos frentes: por el oeste los angloamericanos y por el este los rusos. Todos los días se destruían edificios de la atormentada capital austríaca, pero los vieneses ya casi no hacían caso de los derrumbamientos y los incendios: bajaban a los refugios antiaéreos y esperaban a que pasara lo peor con una resignación llena de rabia y de terror.

Los músicos de la *Wiener Philharmoniker* —que desde siempre formaban una de las orquestas más cotizadas del mundo, una de las metas a que aspiraba llegar todo joven director— corrieron hacia la pequeña puerta abierta bajo el gigantesco y aparatoso órgano, y bajaron precipitadamente a los subterráneos del teatro, dotados de muros apuntalados y sacos de arena: un refugio seguro, aunque tétrico y angustioso.

El director de orquesta se sentó en uno de los toscos bancos de madera adosados a las paredes, entre el primer violinista y el clarinete. Todos aguzaban el oído; pero, además del estruendo ensordecedor de la defensa antiaérea, no se oía otra cosa que explosiones de bombas y sordos retumbos de derrumbamientos. Esta vez la incursión aérea habría de ser repelida. Poco a poco se serenaron los ánimos.

— Discúlpenme, señores, sé que la culpa es mía —el director habló en voz baja, fue apenas un susurro, pero en el silencio absoluto, entre los ecos resonantes creados por las bóvedas del subterráneo, su voz resultó extrañamente amplificada y distorsionada.

— ¿Suya? ¿Culpa de qué? —rebatió Bruckner.

— Siento confusamente dentro de mí todo lo que debería expresar la *Pastoral*, pero no poseo aún la experiencia necesaria para exteriorizarlo.

— ¿De qué sirve atormentarse tanto? —intervino el clarinetista con la voz velada por una singular amargura.

— De todos modos, nuestro público no entendería. El concierto es para los oficiales de permiso y para los "peces gordos" del partido.

— También ellos tienen alma, y yo quiero llegar a ella —afirmó el director de orquesta.

— La única música que ellos son capaces de entender —comentó Bruckner— es el estruendo de los cañones y las ráfagas de los pelotones de ejecución. ¡Unos locos sanguinarios, eso es lo que son!

— ¡Cállate! —murmuró alguien asustado, en la oscuridad del refugio—. ¡Incluso aquí puede haber espías!

— ¡Al infierno ellos y sus espías! —renegó el primer violinista—. ¡Que me fusilen si quieren: no me importa esta vida! ¡Guerras y discursos, hambre y bombas! ¡Ciudades destruidas, naciones enteras en ruinas... y nosotros, los austríacos, alemanes a la fuerza, repitiendo como un disco rayado: *¡Heil Hitler! ¡Heil Hitler!*... ¡Oh, al diablo todo!

— ¡Por favor, profesor Bruckner! —exclamó el director.

— Pido disculpas, Maestro. Necesitaba desahogarme.

— Comprendo lo que sentís todos vosotros, Bruckner; yo también repruebo la ejecución. Si lográsemos hacer llegar a los corazones petrificados de los generales y los nazis los sentimientos que esta sinfonía esconde... Un mensaje de confianza y de paz. La tempestad, sí; pero después la calma que triunfa y la alegría de las fiestas campestres; la belleza de la naturaleza en contraposición a la brutalidad de las armas...

— ¡Imposible!

— No, no es imposible. La música es un puente hacia Dios, que puede llevar a resolver las contradicciones de la existencia.

— ¿Pretende usted que entiendan esto los nazis? —el tono del violinista parecía escandalizado.

— Desearía que por lo menos lo entendieran los hombres normales, sus mujeres, sus hijos...

— ¿Quiere hacérnoslo entender con la música?

— Sí. El arte es un medio para alcanzar la verdadera sabiduría.

— Pero será...

En la oscuridad, el director imaginó la mueca escéptica que debía haber hecho el violinista al pronunciar esas palabras.

— ¿Cómo? ¿Cómo, suponiendo que sea posible? —intervino de nuevo el clarinetista polémicamente—. Llevamos ensayando desde esta mañana y no hemos conseguido hacer ningún progreso.

Las luces del refugio se encendieron; se oyó en la lejanía el silbido de las sirenas que anunciaban el cese de la alarma. Los vieneses acogieron la buena noticia con la misma pasividad que mostraron cuando oyeron la señal de alarma, casi como si las sirenas, las bombas, la destrucción y las ambulancias formaran parte de la normalidad cotidiana, cosas a las que no se presta demasiada atención.

Los músicos se pusieron en pie, estiraron sus músculos entumecidos por la inmovilidad y la humedad del subterráneo, y volvieron al escenario. Parecía una paradoja y sin embargo así era la realidad cotidiana: ese brusco paso de la desolación del subterráneo a la suntuosidad del teatro, de la oscuridad a las luces deslumbrantes del escenario, del silencio a los sonidos estridentes de los instrumentos que habían de afinarse de nuevo.

— ¿Volvemos a ensayar, Maestro? —preguntó Bruckner diligentemente.

— No, es inútil, ensayaremos mañana. Tal vez yo mismo tenga más claras las ideas. Señores, el ensayo ha terminado.

Los profesores de orquesta guardaron sus instrumentos. Poco a poco se fueron apagando las lamparillas de los atriles y los focos escondidos detrás de los telones. Una penumbra misteriosa y llena de ecos invadió el teatro.

Los músicos, descontentos, anudaron sus corbatas y se pusieron las chaquetas; con un aire huraño y en pequeños grupos, cruzaron los pasillos que conducían a la salida de los artistas.

— *Guten Abend, Herr Dirigent:* buenas noches, señor director.

— *Aufwiedersehen:* hasta la vista. Hasta mañana.

El director de orquesta aceleró el paso para alcanzar al primer violinista:

— ¿Profesor Bruckner, puedo ofrecerle una cerveza? Desearía hablar de nuestro trabajo.

— Un vienés no rechaza nunca una cerveza —sonrió el violinista— ni siquiera una de estas repugnantes cervezas de los tiempos de guerra. Han reducido las raciones a un cacillo de legumbres y un puñado de patatas, pero la cerveza, la única cosa que no está racionada, sigue corriendo como un río por esta pobre ciudad de Viena... Nos dejan beber para olvidar.

Los dos músicos caminaron juntos por las calles semidesiertas y desoladas. Por todas partes, incluso junto a los palacios destruidos por las bombas, se veían montones de escombros y basuras obstruyendo las aceras; allí donde los muros no se habían derrumbado, los escaparates de las tiendas estaban protegidos por vigas de madera y las ventanas herméticamente cerradas, los sacos de arena y las flechas blancas y negras indicaban el refugio antiaéreo más cercano.

Los pocos automóviles que circulaban por las calles que rodeaban al teatro eran todos vehículos militares o Mercedes pintados de gris requisados para que los altos funcionarios del partido nazi no fuesen a pie.

Al cabo de poco minutos el director de orquesta y el violinista se percataron del silencio hondo y aterrador; no lo percibieron inmediatamente a causa de los pensamientos desesperados que les sugería el espectáculo.

— Para usted es muy importante este concierto, Maestro —dijo Bruckner—. Para su carrera, quiero decir. Para un joven director como usted, la Ópera de Viena es una etapa notable, la culminación de una carrera.

— No en tiempos de guerra, no si los espectáculos son para las tropas. Y no he aceptado venir por pensar en mi carrera. En cualquier caso, no habría podido rechazar la oferta. La invitación, mejor dicho, la orden, venía del partido.

— Ya... y a "ésos" no les gusta que se les contradiga. Nuestra pobre Austria está llena de campos de concentración. ¿Ha oído hablar alguna vez de Mauthausen?

— No —el italiano agitó la cabeza.

— No me asombra: nuestros periódicos no hablan de sitios como ése, destinados a los hebreos y a los adversarios del régimen nazi. Pero yo he visto las alambradas, las ametralladoras en las torres y he oído las terribles historias que cuentan los campesinos de esas zonas... A veces todo me parece absurdo. ¿Cómo podemos estar delante de un atril con un instrumento entre las manos pensando en hacer música mientras a nuestro alrededor todo se está derrumbando, moral y materialmente?

— Sí, a veces yo también tengo la impresión de que es absurdo. Sin embargo, la música es la única cosa que nos permite confiar en el mañana. Los sentimientos, el gusto por las cosas hermosas, la parte más noble del alma humana... son cosas que no mueren del todo mientras la música sobreviva.

— No, no se haga ilusiones, *Herr Dirigent.* Sólo sobrevive porque le conviene a la propaganda. Programan estos conciertos únicamente para hacer creer que el Reich no es tan despreciable si es capaz de pensar en estas cosas. Si no fuera así, yo, usted, todos estaríamos ahora en el frente ruso. ¿Qué le importa a Hitler que la música viva o muera? ¡Y los músicos... a Mauthausen también ellos!

— Yo sigo teniendo esperanzas.

Entretanto habían llegado a espaldas del teatro, a la Albertinaplatz.

— Mire, profesor: el Café Mozart está abierto todavía. ¿Vamos allí?

— Inevitablemente —respondió Bruckner con una sonrisa amarga—. Desde hace setenta años, desde que se inauguró la Staatsoper, el Café Mozart es el centro de reunión de todos los músicos. ¡Aunque ya no conserva nada de su antigua alegría!

Entraron el el local. En las largas mesas de madera maciza, donde antiguamente se reunían las alegres tertulias que cantaban y reían, sólo había pocos hombres pensativos y recelosos contemplando con tristeza la espuma en los vasos, como si esperasen leer en ella su futuro, la respuesta a las mil preguntas que les angustiaban. Las vidrieras multicolores estaban cruzadas por tiras de papel adhesivo, para evitar que las estampidas de las bombas resquebrajaran el vidrio y esparciesen los cristales por doquier; el local estaba presidido por una fotografía del *Führer* a la que nadie miraba.

Los dos músicos se sentaron en una mesa de una esquina, apartada, y pidieron dos jarras de cerveza negra.

— *Prosit, Herr Dirigent* —Bruckner alzó la jarra—. Como dicen en Italia: a su salud.

— A su salud, *Herr Professor*.

El violinista bebió un trago e hizo una mueca de disgusto.

— Esta cerveza no es mejor que todo lo demás. ¡Me gustaría saber con qué la hacen!

— Mejor no investigarlo, ¿no le parece?

— Volviendo a nuestro trabajo, Maestro... ¿Puedo serle franco?

— Claro, Bruckner.

— Tengo la impresión de que usted se lo toma demasiado en serio.

— Puede ser, pero... —replicó el director de orquesta desconcertado.

— Bien, pues no merece la pena —insistió el músico—. ¿Para quién estamos tocando? La gente casi nunca entiende nuestra música y no es capaz de apreciarla. Acude a los conciertos como si fuese a pasar dos horas en un teatro de variedades o en un cine. No, realmente no vale la pena esmerarse tanto en perfeccionar cosas que nadie puede entender.

— ¿Y dice esto precisamente usted, Bruckner, usted que cuenta entre sus antepasados con uno de los mejores compositores de los últimos cien años? —observó el italiano.

— ¡Oh, mi ilustre abuelo Anton Bruckner! —el otro alzó los hombros con indiferencia—. No han valorado su grandeza hasta ahora; porque en vida su continuo tormento por expresar algo con la música sólo le proporcionó sufrimientos.

— ¡Es verdad! Sin embargo, el propio Richard Wagner era un gran admirador suyo.

— Había una admiración recíproca, si es por eso, —sonrió burlonamente el violinista— tanto es así que para la *Tercera Sinfonía,* Bruckner no vaciló en plagiar a Wagner algunos temas de sus obras.

El director de orquesta agitó la cabeza:

— Yo no sería tan severo. Bruckner y Wagner fueron los continuadores, con sensibilidades diferentes, del nuevo discurso musical comenzado por Beethoven. Era inevitable que sus composiciones presentasen muchas analogías.

— Sus contemporáneos, en cambio, no lo veían así; es más, no se preocupaban en absoluto por profundizar en los contenidos de la música. Aplaudían o silbaban impulsados por otras consideraciones. ¿Sabe, Maestro, lo que ocurrió cuando, en 1877, se presentó en Viena la *Tercera Sinfonía* ?

El italiano hizo un gesto negativo con la cabeza y el violinista siguió hablando:

— Entre los muchos directores de orquesta que

en aquella época alardeaban de su superioridad en Viena, no se encontró siquiera uno dispuesto a leer y, mucho menos, a estudiarse la partitura. Para poderla presentar, el propio Bruckner se vio obligado a tomar la batuta, aun no valiendo mucho como director, y a subir a la tarima ante unos músicos que le despreciaban abiertamente. Durante el concierto se vació la sala. Incluso los músicos abandonaron sus puestos, y en los últimos compases se marcharon a toda prisa los pocos que quedaban. Bruckner se volvió hacia el patio de butacas y lo vio completamente vacío. Había quedado abandonada en una esquina hasta la corona de laurel que un voluntarioso admirador había llevado para ofrecerle.

— ¡Puedo imaginar la pena del compositor!

— Pero ciertamente no puede imaginar las verdaderas razones de ese fracaso. Los vieneses veían en Wagner a alguien que osaba oponerse a Brahms, su ídolo...

— ¿Y qué tiene que ver Wagner?

— Bruckner había dedicado la sinfonía a Ricardo Wagner, con palabras llenas de respeto y admiración, y esto no agradó a los vieneses. No quisieron siquiera escuchar la música: la condenaron sólo por la dedicatoria. E incluso hubo críticos ilustres que, basándose en los mismos argumentos, pretendieron apartar a mi abuelo de su cátedra universitaria de armonía y contrapunto.

— La historia de la música está llena de episodios análogos —comentó el director de orquesta.

— En efecto; y esto demuestra que si no se piensa en la inútil gloria de la posteridad, no vale la pena esforzarse demasiado por los contemporáneos. Créame, la *Pastoral* está perfectamente tal como la hemos ensayado.

— No. Todavía no dice lo que debería expresar.

— ¿Qué más debería decir?

— Algo que yo, por desgracia, siento sólo dentro de mí.

— Bien, admitamos que consigue sacar afuera ese "algo": ¿cree que lo entendería alguien, que alguien sería capaz de sentirlo?

— Somos nosotros quienes no sabemos hacernos entender; pero lo lograremos.

— Como quiera —se rindió el violinista—. ¡Después de todo, el director de orquesta es usted! Pero temo que si seguimos perdiendo el tiempo en buscar una interpretación diferente, el día del concierto no estaremos preparados siquiera para una ejecución pasable.

— Deben confiar en mí, Bruckner, usted y sus colegas.

— No se trata de eso, *Herr Dirigent*. Todos estamos convencidos de sus cualidades, pero...

El director de orquesta le interrumpió:

— Con eso tengo suficiente, Profesor Bruckner.

Los dos, sumidos en sus reflexiones, permanecieron contemplando en silencio sus jarras ya vacías hasta que, desde algún sitio, se oyó el sonido irónico de un reloj de cuco.

— A esta hora —observó el director de orquesta con una expresión repentinamente preocupada y pensativa— la radio italiana está transmitiendo el parte de guerra.

— ¿Le interesa escucharlo? En la otra sala hay una radio.

— Sí, si fuera posible.

— Venga conmigo: soy como de la casa.

Se trasladaron al local contiguo, más pequeño. Sólo había un hombre y una pareja de novios, también ellos tristes y pensativos como todo el mundo. Toda la población de Viena se hallaba embargada por la angustia y la melancolía.

La radio estaba sobre una mesita. Bruckner la encendió y sintonizó una emisora italiana. ¡Justo a tiempo!

La voz del locutor llegaba mezclada con chirridos y estallidos, apenas comprensible. El italiano se acercó al aparato para oír mejor:

El Estado Mayor de las Fuerzas Armadas italianas comunica el parte de guerra número mil ciento cuarenta y cinco... El enemigo, que fomenta continuamente su ofensiva con nuevos contingentes, ha logrado sobrepasar la franja litoral que va de Licata a Augusta, dirigiéndose hacia la zona montañosa al sureste de Sicilia y asomándose a la llanura de Catania. En todo el frente, las tropas italianas y alemanas...

Con un gesto de rabia el director de orquesta extendió la mano hacia el interruptor y apagó la radio.

— ¿Qué sucede, Maestro? —preguntó Bruckner.

— Mi familia está en Catania. No he vuelto a recibir noticias suyas desde que empezó el desembarco.

— Comprendo lo que siente, Maestro.

— Mussolini prometió detenerlos en la línea de flotación... pero parece que no le han explicado la diferencia existente entre la franja adonde vuelven las olas después de haber roto en la playa y la línea de flotación de los barcos. ¡Y si sólo se hubiese equivocado en esto! ¿Ha escuchado el parte? ¡Los enemigos están llegando a Catania!

— ¡Los enemigos! —comentó el violinista—. Yo ya no consigo saber quienes son los enemigos o los amigos.

— ¡Tiene razón!

— Y usted, Maestro, con el mundo derrumbándose a nuestros pies, con su familia a tiro de los cañones, ¿cómo puede estar aquí preocupándose tanto del resultado de la *Pastoral*?

— ¿Qué otra cosa podría hacer? Ésta es la única manera de hacer la guerra por mi cuenta. Estoy convencido de la fuerza de la música. Si los hombres que combaten y ordenan la destrucción llegasen a descubrir un mundo como el de la *Pastoral*..., si comprendiesen la exhortación a la esperanza y a la paz de un Beeth...

Calló de repente aguzando el oído. El sonido desgarrador de la sirena de alarma surgió de improviso del silencio y se confundió con el alboroto de los gritos, de las sillas volcadas y de las carreras de todos hacia el refugio.

— ¡Ésa es su música: las bombas! —comentó con amargura el violinista.

— ¡Corra, Maestro! El refugio está al final de la calle.

Corrieron a más no poder, mientras sobre sus cabezas el cielo negro se iluminaba ya con los disparos de los aviones y a lo lejos se oían los estallidos de las primeras bombas.

— ¡Y usted, Maestro, continúa hablando de esperanza y de paz! —dijo Bruckner con rabia.

La respuesta del italiano se perdió en el fuerte estruendo y en el chirrido siniestro. En el palacio se había abierto una grieta que se ensanchaba con rapidez.

— ¡Se derrumba! ¡Se derrumba!

Sobre los que corrían por la acera hacia el refugio cayó una lluvia de piedras, vigas y cascotes, con un ruido ensordecedor; la gente huía entre una nube cegadora de polvo y humo.

— *¡Herr Dirigent! ¡Herr Dirigent!*

— ¡Aquí estoy, Bruckner!

Se volvieron a encontrar en la oscuridad, guiados por las voces, e instintivamente se abrazaron:

— ¡Estamos ilesos! ¡Ilesos! ¡Esto es un milagro, Maestro!

— Vamos, Bruckner, mucha gente debe haber quedado bajo los escombros. Vamos a ayudarlos.

— La calma, la paz... ¿Volverá la paz algún día? ¿No ve que se está destruyendo el mundo entero? ¡Nunca más volverá a haber paz, *Herr Dirigent* !

3 Un fragmento misterioso

ERA ya de noche cuando cesó la alarma y el director de orquesta pudo llegar al Hotel Sacher, donde se hospedaba. Era uno de los hoteles más renombrados y lujosos de Viena, pero ahora se encontraba en una situación penosa: las ventanas y vidrieras cerradas —rectángulos negros sobre fondo gris—, los rótulos luminosos apagados y, en lugar del portero con librea engalanada, un centinela con casco de acero y la ametralladora en bandolera. El Sacher, como otros hoteles de la capital austríaca, había sido requisado por los oficiales alemanes y a él habían enviado al joven músico italiano, "enrolado" para dirigir un concierto para la *Wehrmacht*, las fuerzas armadas alemanas.

En el vestíbulo, y más después del bombardeo, reinaba una terrible confusión. Sonaban continuamente los timbres y los ordenanzas con uniforme gris-verdoso iban y venían, reclamados por todas partes; unos oficiales engolados y cargados de galones discutían excitados y daban órdenes que en ese caos nadie oía. El intento de restablecer el orden sólo servía para aumentar la confusión.

Nadie se fijó en el hombre vestido de paisano que

cruzó apresuradamente los salones hasta llegar al ascensor. El Maestro se sentía extenuado tras el largo ensayo en el teatro y el esfuerzo físico para remover los escombros; y afectado en su interior por las pésimas noticias que había dado el parte de guerra sobre su Catania. Sólo deseaba tumbarse en la cama y no pensar en nada más, por lo menos hasta el día siguiente.

El ascensor estaba abierto en la planta baja, pero no estaba el *lift,* el muchacho encargado de maniobrar la cabina. ¡Quién sabe adónde había ido! El director de orquesta, disgustado por el nuevo contratiempo, pulsó a fondo el timbre de llamada.

Le respondió casi inmediatamente un zapateo acelerado, escaleras abajo; pero lo que atrajo principalmente la atención del Maestro fue un silbido que le dejó estupefacto. Alguien silbaba un fragmento de la *Pastoral* —casualmente ese canto de ruiseñor con el que habían tropezado los músicos de la orquesta todo el día— y lo hacía con una soltura y un sentimiento tales que dejaron al músico asombrado, a la escucha.

Desde el último tramo de escalera se precipitó como un alud Hans, el jovencísimo *lift* del hotel. Era un muchacho pálido y delgado, como los de su edad que en aquella época no comían lo suficiente, pero alegre y simpático, con ojos de inteligente y un mechón de cabellos rubios, lisos, que el fijador no conseguía mantener en su sitio.

Al ver al músico, el muchacho del ascensor se puso extrañamente colorado:

— ¡Oh, es usted, *Herr Dirigent* ! Disculpe: me

estaba poniendo el uniforme de trabajo. El bombardeo me ha hecho llegar tarde a mí también.

— ¿Eras tú el que silbaba hace poco?

— Perdone. Debí hacerlo sin darme cuenta.

— ¿Perdonarte? ¿Por qué? Es más, desearía que repitieses lo que estabas silbando, exactamente de la misma manera.

— Sí... ¿pero por qué?

— Una idea repentina. Te lo ruego, repite.

— Como quiera.

El muchacho se puso a imitar de nuevo el canto del ruiseñor, pero se interrumpió turbadísimo:

— No me sale más —se encogió de hombros.

— Gracias, basta con eso. Creo haber comprendido.

— ¿Qué, Maestro?

— No tiene importancia. ¿Cómo te llamas?

— Hans.

— ¿Cuántos años tienes?

— Catorce —respondió el muchacho, sorprendido—. ¿Por qué, Maestro?

— ¿Sabes qué estabas silbando, Hans?

— Claro: la Sexta Sinfonía de Beethoven.

— ¿Dónde la oíste tocar de ese modo?

— Pues... en el ensayo. ¿No me vio, Maestro? Estaba en la última fila.

— ¿Tú? ¿Cómo lograste entrar en el teatro? Nadie

puede asistir a los ensayos.

— Bueno, usando el cerebro, siempre se encuentra la manera de entrar a hurtadillas.

— No debe resultar fácil, de todos modos. Lo que sí me asombra es que te molestaras tanto para asistir al ensayo de un concierto. Lo habría entendido si hubiese sido una película o un partido de fútbol...

— Me gusta mucho la música —afirmó Hans con sencillez.

— Sí, es evidente; pero precisamente eso es lo extraño en un chico de tu edad.

— Perdone, Maestro, pero no encuentro nada de extraño en ello. ¡He estado rodeado de música desde que nací! Mi padre también tocaba, ¿sabe?

— ¿De verdad? ¿Qué instrumento?

— El violín. Oh, sólo era un músico ambulante, pero era muy bueno. En las cervecerías del barrio lo conocían todos. Yo también iba con él algunas veces, y tocábamos juntos.

— ¿Tú también tocas?

— Ahora ya no: he de trabajar para vivir, desde que me quedé huérfano. Papá murió en Rusia, mamá en un bombardeo.

Era difícil encontrar palabras adecuadas para semejante tragedia.

— Entiendo, pobre muchacho —respondió el Maestro precisamente con la frase más banal.

— ¡No soy un "pobre muchacho"! —replicó Hans—. Me las arreglo bien aquí.

— ¿Qué instrumento tocabas?

— La flauta, de oído, naturalmente: nunca tuve la posibilidad de estudiar música. Tal vez cuando acabe la guerra...

— Sí, deberías hacerlo: tienes talento.

— ¿Lo dice en serio, Maestro? —el muchacho se ruborizó de nuevo.

— Sí, Hans. Cuando se logra poner en un simple silbido tanta musicalidad, tanto sentimiento... Te convertirás en un buen flautista.

— ¡Me encantaría! Maestro, ¿usted no tendría tiempo de escucharme?

— ¿Por qué no? Lo haría encantado. Ven al teatro mañana: de paso podrás asistir al ensayo sin hacer demasiadas acrobacias para entrar.

— ¿De veras?

— Prometido.

Fueron interrumpidos por el sonido estridente del timbre.

— Llaman al ascensor —dijo el *lift*—. ¿Sube usted también, Maestro?

— Sí, al cuarto piso.

Subieron en silencio; pero, cuando la cabina se detuvo, el director de orquesta no se bajó.

— Continúa, Hans —dijo el muchacho—. Tengo que preguntarte alguna otra cosa.

Llegaron al último piso, recogieron a un coronel lleno de orgullo y lo depositaron en la planta baja; luego subió un oficial de marina todo acicalado, para cargar inmediatamente después a un mayor de la aviación de permiso, y a un "as" con distintivos de condecoraciones al valor pasados por todas las presillas de la chaqueta. Y, entretanto, prosiguieron su singular conversación.

— Sin embargo, Hans, sigue pareciéndome extraño que hayas heredado de tu padre tanto amor a la música. Me has dicho que era un músico ambulante... ¿Había estudiado?

— No. Mi abuelo fue quien le enseñó a tocar el violín.

— ¿También tu abuelo tocaba? —el Maestro iba de sorpresa en sorpresa.

— Sí, la nuestra es una familia de artistas, ¿sabe? El abuelo, el bisabuelo, todos, es como una tradición.

— ¿Todos músicos ambulantes?

— Sí y no. Ellos tenían una especie de puesto fijo, que se pasaban de padre a hijo. Iban a tocar a uno de los viejos y típicos figones de antaño. Antiguamente fue un molino y por eso se llamaba *Zur Mehlgrube*.

— El "Rincón del Molinero"...

— ¿Había oído hablar ya de ese sitio?

— Sí, claro —afirmó el director de orquesta.— Se habla de él en muchos libros, ya que era muy frecuentado por todos los músicos. Iban también Strauss, Mozart, Suppé...

— Sí, me lo contaba mi padre —confirmó Hans.

— Entonces tus antepasados eran muy buenos músicos si no temían tocar para semejante público. Piensa que una vez, en el "Rincón del

Molinero" dio un auténtico concierto el propio Mozart.

— ¡Claro que eran buenos músicos! —exclamó el muchacho con verdadero orgullo—. Mi padre siempre me hablaba de su padre y de su abuelo. Yo le escuchaba y lo que me contaba me parecía una fábula.

— Ahora el "Rincón del Molinero" ya no existe, si no me equivoco.

— Lo cerraron inmediatamente después de la primera guerra mundial —dijo Hans—. ¿Quién tenía ganas ya de pensar en la música? Así mi abuelo se encontró sin trabajo y sin casa, como tantos.

— ¡Ah, sí, ésas son las consecuencias de la guerra! ¿Qué hizo entonces tu abuelo?

— ¿Qué podría haber hecho? Se puso a recorrer todas las cervecerías que había y se llevaba consigo a mi padre para que aprendiese la profesión. No habría podido hacer otro trabajo: ¡ellos dos vivían para la música!

— Comprendo. La música es un don que, cuando lo poseemos, presiona en nuestro interior y no nos deja en paz si no lo dejamos salir al exterior.

— Así es exactamente. A mí también me ocurre a veces; y si no tengo la flauta al alcance de mi mano, entonces tengo que silbar.

— Eres un auténtico músico, Hans. Pero no deberías conformarte con ser músico ambulante como tus antepasados: yo te ayudaré en lo que pueda. Ven mañana: te espero.

— No faltaré en absoluto. ¡*Danke, Herr Dirigent* !

Naturalmente no faltó. Desde una butaca en la segunda fila se deleitó con los nuevos ensayos de la sinfonía, esta vez las notas fluyeron como el aceite, de corrido, hasta que el director interrumpió a la orquesta con un gesto imperioso de batuta.

— ¡Gracias, señores! —exclamó satisfecho.

— Esta vez, Maestro, diría que lo hemos conseguido —comentó Bruckner, no menos feliz.

— Sí: ¡ésta es la música que yo deseaba! ¡Éstas son las emociones que yo quería obtener de la partitura para transmitirlas a nuestro público!

— Hace veinte años que toco en la orquesta, —se hizo oír la voz del clarinetista— pero nunca había oído una *Pastoral* así.

— Tiene tanto sentimiento —afirmó Tieck, el flautista— que hará reflexionar incluso al más duro *Feldgendarm*.

— ¿Qué es un *Feldgendarm* ?

— Es un soldado de la policía militar. ¡Si no tienen una piedra en lugar de corazón, no los alistan!

— ¡Mi arco se deslizaba solo sobre las cuerdas! —comentó Bruckner.

— Sí, nuestros esfuerzos han sido recompensados —también el director estaba visiblemente complacido—. Estoy convencido de que hemos logrado expresar plenamente el significado de esta maravillosa sinfonía, exactamente lo que quería decir Beethoven.

— Para usted es un gran éxito, *Herr Dirigent*. Una ejecución como ésta hará época. Si hubiese alguien en la sala que entendiese verdaderamente de música y no sólo unos soldaduchos que saben distinguir a duras penas una ráfaga de metralleta de un cañonazo...

— No exageremos —respondió el Maestro—. De todos modos, el mérito no es mío.

— ¿Qué dice? —protestó un músico, embargado por el entusiasmo general.

— ¿De quién, si no de usted?

— El mérito mayor corresponde a un muchacho, —afirmó el Maestro— precisamente el chico que ven allí, en la segunda fila. ¡Ven Hans! Sube al escenario.

El *lift*, que tenía un carácter muy tímido, se decidió a subir a regañadientes al escenario, llevando bajo el brazo un estuche negro bastante raído.

— Les parecerá extraño, señores, —el director se dirigió a los profesores de orquesta— pero este muchacho ha sido quien me ha sugerido, con su silbido, la interpretación correcta del "movimiento" que tantos quebraderos de cabeza nos daba. ¡Este muchacho es un músico nato! Vamos, Hans, ¿por qué te ruborizas ahora?

— Yo no hice otra cosa que silbar... no sabía...

— ¡Bien, muchacho! —el primer violinista le dio una sonora palmada en la espalda—. ¿Por qué no nos dejas escuchar a nosotros también ese silbido prodigioso tuyo?

— Nos hará escuchar algo mejor: su flauta —anunció el Maestro—. Veo Hans, que has traído tu instrumento.

— Sí, lo tengo aquí —el chico lo sacó del estuche.

— Déjame ver —el flautista cogió el instrumento para observarlo—. ¡Uhm! No se puede decir que valga gran cosa.

— Se lo compré a un chamarilero —Hans pareció disculparse—. Mis ahorros no me alcanzaban para algo mejor.

— ¿Quieres probar mi flauta? —le ofreció Tieck.

— ¡Me encantaría!

— Toma.

Hans se llevó el instrumento a los labios e hizo salir de él con soltura un trino, para probarlo:

— ¡Tiene un sonido que parece el del viento! —se entusiasmó—. ¡Nada que ver con mi pífano!

— Adelante, Hans —le animó el director—.¿Qué nos harás escuchar?

— ¿Aquí, delante de todos?

— No debes avergonzarte. ¡Piensa en cuando estés tocando para un gran público!

— ¿Qué he de tocar?

— Lo que quieras. Lo que mejor conozcas.

— Pues una "pieza" que tocaba con mi padre; pero no sé qué es.

— No importa, comprobaremos igualmente tu valía. ¡Ánimo, muchacho! y no pienses en nosotros.

Tras un último titubeo, en el silencio atento y lleno de curiosidad que le rodeaba, Hans atacó. Las primeras notas salieron del instrumento débiles e

inciertas, pero en seguida, como raptado por la música, el muchacho emitió un abanico de trinos, alegres y arrebatadores. Justo en el punto culminante de esa alegre cascada musical, el "solo" se interrumpió de golpe.

— ¡Bravo, Hans! —aplaudió el director—. Ya sabía yo que tenías talento.

— Un sentimiento innato para la música —juzgó también Bruckner.

— Pero... —continuó el Maestro vacilando, por temor a apesadumbrar al muchacho—. Hans, debo hablarte con franqueza: no desearía que te hicieses ilusiones. Tener madera no basta. Hace falta estudiar... son necesarios muchos años de estudio. Si pudieras matricularte en el conservatorio...

— ¡Ojalá pudiese! Pero hace falta mucho dinero...

— Eso es lo de menos —intervino Bruckner—. Nosotros podríamos facilitártelo. Pero no debemos olvidar que estamos en guerra. El conservatorio ha sido cerrado también. El Reich sólo piensa en fabricar soldados: los músicos no le interesan.

— La guerra acabará...

— ¡Y esperemos que pronto! ¡Esta estúpida masacre ha durado ya demasiado!

— Entretanto, yo podría dar unas clases a este muchacho. ¿Qué te parece, Hans?

— Sí, pero... yo no puedo pagar las clases, profesor.

— ¿Quién ha hablado de dinero? Solamente dime si estás dispuesto a empeñarte a fondo. ¡Seré un maestro muy exigente!

— Profesor, yo no —Hans, excitado y conmovido, no pudo concluir la frase—. Yo no...

— Estamos de acuerdo, entonces —concluyó el flautista.

— Así está todo resuelto —comentó el director—. Pero... ¿Hans, qué es ese fragmento que has interpretado?

— No lo sé.

— ¿No sabes siquiera el autor?

— No. Me lo enseñó mi padre.

— Yo tampoco lo había escuchado antes, pero, por el estilo —se aventuró Bruckner— yo diría que es de Mozart.

— En efecto eso es lo que me ha chocado precisamente —asintió el director de orquesta gravemente.

— ¡No puede ser! —contradijo Tieck con convicción—. Conozco de memoria todos los fragmentos para flauta de Mozart, y sin embargo estoy seguro de no haber oído jamás éste.

— ¿Hans, puedes repetirlo? —rogó el Maestro al muchacho—. Pero esta vez no te detengas: continúa hasta el final.

— Con mucho gusto, pero he tocado todo lo que sé. La partitura termina ahí.

El Maestro y el violinista se miraron perplejos.

— ¿Hay partitura de lo que has tocado?

— Sí. Mi padre me dijo que la encontró hurgando en los viejos baúles del abuelo. Pero sólo eran unas pocas hojas escritas a mano.

— ¿Tú las viste?

— Sí, es más, todavía las tengo. Las guardé como recuerdo de papá.

Las mudas miradas interrogantes que se intercambiaban el director de orquesta y el violinista se llenaron de pronto de curiosidad e interés.

— ¡Tienes que enseñármelas, Hans! —dijo el Maestro con cariño—. ¡Puede ser importante!

— Sí, sí... si le parece...

4 Un antiguo manuscrito

LA habitación del director de orquesta, en el Hotel Sacher, era una de las más modestas. Los apartamentos, antiguamente destinados a los invitados del Emperador, a los embajadores y a las princesas de toda Europa, ahora estaban reservados a las altas jerarquías del Reich, a los "ases" de la aviación, a los coroneles de la Guardia de Seguridad, es decir, a las *Schutzstaffeln,* las mal afamadas y tristes SS. Para un músico sólo quedaba disponible una habitación en el cuarto piso: una cama poco espaciosa, una mesa vacía, un lavabo empotrado en una esquina, un grifo del que continuamente salía un goteo obsesivo, una carcoma que roncaba en el armario, el toc-toc-toc de la pierna de madera de un oficial mutilado en el frente ruso que se arrastraba con nerviosismo en el piso de arriba.

Pero el Maestro italiano había conseguido hacer confortable ese ambiente frío y hostil: para realizar el milagro le habían bastado las fotografías de sus padres, enmarcadas sobre la cómoda, un pequeño busto de Beethoven en bronce que servía de pisapapeles, los libros alineados en una repisa y un ramillete de flores silvestres.

El músico solía trabajar hasta muy tarde cuando preparaba un concierto, y también esa noche consultaba febrilmente la partitura de la Sexta Sinfonía, escuchaba repetidas veces en un gramófono las interpretaciones que habían hecho sus colegas más famosos de los pasajes más difíciles; estudiaba no sólo acreditados textos críticos, sino también libros de historia, esforzándose en identificarse con el autor, con los sentimientos que le podían haber inspirado su ambiente, su mundo, cuando componía la *Pastoral*.

Pero no lograba concentrarse como habría deseado: por culpa de los *Kameraden* medio borrachos que, en la habitación contigua, armaban jaleo y cantaban hasta desgañitarse el estribillo de *Lilí Marleen*, repitiéndolo sin cesar.

Llamaron discretamente a la puerta.

— ¡Adelante! —exclamó con voz irritada.

En ese hotel se podía esperar que ocurriese de todo: nunca se podía prever lo que se les pasaba por la cabeza a los militares en permiso o a los funcionarios del servicio de seguridad... Pero su mueca irritada se transformó en una sonrisa cordial al ver entrar a Hans.

— ¿Molesto, *Herr Dirigent* ? —preguntó el muchacho con timidez.

— No, en absoluto. No consigo concentrarme con esa gente que no deja de chillar aquí al lado.

— Le he traído esas hojas de que le hablé, Maestro.

— Déjamelas ver.

El director de orquesta tomó el rollo de papel que le tendía el *lift* y lo abrió. Quedó atónito al primer vistazo: el tipo de papel "a mano", teñido de amarillo por el tiempo y con manchas de humedad; las notas dibujadas apresuradamente sobre las líneas del pentagrama, con plumilla, cuya tinta oxidada se había vuelto rojiza...

— ¡Por las barbas de Wagner! —exclamó—. ¡Esto es un manuscrito, tal vez un autógrafo del propio autor, y es sin duda muy antiguo!

— No sé —el muchacho se encogió de hombros—. Yo no entiendo de esas cosas.

El músico leyó las notas, tarareándolas en voz baja, y recreó el mismo fragmento que Hans había tocado con la flauta.

— No conozco este fragmento —se rindió, agitanto la cabeza, tras algunos intentos—. Me parece extraño que no sea famosa una música tan bella.

— No sé —repitió el muchacho.

— Este manuscrito debe tener mucho más de un siglo —consideró el Maestro dando palmadas a la hoja—. ¿Dices que tu padre lo encontró en un baúl?

— Sí, en una de las cajas en que guardaba los recuerdos de familia —precisó—. Trastos sin importancia.

— Éste, en cambio, podría ser muy importante. ¡Importantísimo!

— ¿En serio? ¿Por qué?

— ¿Pero no entiendes? No, espera, antes de hablarte de ello es mejor que compruebe lo que pienso. ¿Puedes dejarme esta hoja?

— Claro. Para mí tiene un gran valor por los recuerdos que me trae, pero es más justo que la tenga usted.

— Te la devolveré pronto, Hans —aseguró el director de orquesta—. Quiero enseñársela a un amigo mío, el profesor Wittelsbach, un famoso musicólogo. Él entiende mucho más que yo de estas cosas.

Wittelsbach, un hombrecillo cabezón con una nariz pequeña y afilada sobre un rostro arrugado enmarcado por una barbita blanca, vivía en una pequeña villa solitaria de la periferia.

El director de orquesta fue a verlo en cuanto pudo, a la mañana siguiente; el manuscrito que custodiaba celosamente en una bolsa de cuero le hacía arder de curiosidad. Relató al acreditado musicólogo cómo había llegado a sus manos esa singular joya y le expuso sus suposiciones.

— Lo que me deja perplejo —concluyó— es que Mozart extendía directamente la partitura, con los distintos pentagramas para cada voz de la orquesta.

— En efecto —Wittelsbach lo escuchaba con profunda atención—, aunque no siempre era necesariamente así. A veces, especialmente cuando estaba agobiado por la prisa o por la necesidad de entregar un nuevo trabajo a quien se lo había encargado y pagado ya, y cuando tenía entre manos varios trabajos a la vez, escribía entera sólo la parte del instrumento solista y se limitaba a indicar someramente la parte de la orquesta en el segundo pentagrama... como en este caso.

— ¡Sí, tienes razón! ¿Así pues, tú crees que el autor de esta música podría ser de verdad Mozart?

— Para mí no cabe duda —sentenció Wittelsbach—. Esta música fue escrita por Mozart, de su puño y letra. La manera en que están marcadas las notas en el pentagrama es característica.

Mostró al director de orquesta algunas fotografías que tomó de su archivo polvoriento, para confrontarlas con el manuscrito.

— Observa los rabos de las fusas —hizo notar al amigo—, el cuidado con el que ha coloreado de negro las notas...

— ¡Escribió estas hojas con su propia mano!

— Sí, creo que no ha lugar a dudas.

— ¿Entonces, Wittelsbach, confirmas mis conjeturas?

— Plenamente. Podría tratarse de una falsificación, pero eso sólo podría desvelarlo un examen en profundidad...

— No, no se trata de una falsificación —le interrumpió el director de orquesta—. ¡El poseedor de este documento no imagina siquiera lo valioso que es! Y además, ¿qué falsificador podría crear una música como ésta?

— Exacto. Creo que finalmente hemos encontrado el famoso "concierto" desaparecido.

— El "concierto" desaparecido... —repitió el italiano, pensativo.

— Sabemos, por algunas cartas que Mozart escribió a sus amigos y que fueron halladas —explicó el musicólogo— que él, poco antes de morir, estaba trabajando no sólo con el célebre *Requiem*, sino también con un *Concierto para flauta y orquesta*.

— ¿Podría ser éste?

— Podría serlo; tras su muerte, los discípulos y los hijos de Mozart buscaron inútilmente los manuscritos de las obras que había compuesto el gran maestro en los últimos meses. Solamente encontraron el *Requiem*, que había encargado a Mozart el conde Von Walsegg, y que desgraciadamente quedó inconcluso.

— Fue Süssmayer, un discípulo del músico, quien lo completó —puntualizó el director de orquesta.

— Exacto. Pero el otro manuscrito, el *Concierto para flauta y orquesta*, no fue hallado. Süssmayer creyó que el maestro lo habría quemado en un momento de abatimiento.

— Evidentemente no fue así.

— ¡Quién sabe! Muchos años antes, en 1768, Mozart escribió un *Concierto para trompeta y orquesta* con motivo de la inauguración de la iglesia del hospital Sankt Marx, aquí en Viena, en presencia de la emperatriz María Teresa. Se inauguró la iglesia, se llevó a cabo el concierto, lo escuchó hasta la emperatriz... pero después el misterioso *Concierto para trompeta* desapareció y nadie puede imaginar dónde fue a parar. La única explicación es que Mozart, descontento con ese trabajo suyo, lo quemara.

— Y obviamente se pensó lo mismo acerca del

Concierto para flauta, —replicó el italiano— pero, en este caso, equivocadamente.

— Ya... —asintió Wittelsbach, pensativo—. En esta historia hay otra coincidencia que me impresiona.

— Creo saber cuál... —el italiano sonrió.

— Has hecho alusión al "Rincón del Molinero"...

— Así es; allí tocaba un antepasado del actual poseedor del manuscrito.

— ¿Sabes que Mozart se encontraba precisamente en el "Rincón del Molinero" el 19 de septiembre de 1791, cuando le dio el repentino desmayo que en pocas semanas le conduciría a la muerte?

— ¡Eso lo explica todo! —exclamó el director de orquesta—. Mozart tal vez llevara consigo el manuscrito esa noche, quizá para que lo escucharan los otros músicos que solían frecuentar la taberna y pedirles su opinión... Al desmayarse, podría haberlo olvidado sobre la mesa...

— Sería verosímil —aprobó Wittelsbach—. Ningún compositor perdería una creación suya sin un motivo más que grave; y nadie más que un colega, o en cualquier caso un músico, habría osado cogerla y guardársela. ¡Unas notas escritas en un pentagrama sólo podían tener valor para otro músico!

— Ya; pero ningún músico, ni siquiera un músico ambulante, habría tenido escondido un manuscrito tan valioso.

— El hombre que se apoderó de él quizá no se diera cuenta siquiera del valor que podía llegar a adquirir un siglo y medio después.

— Tienes razón, Wittelsbach. De todos modos, tiene poca importancia saber adónde fue a parar entonces...

— Justo: lo importante es dónde puede estar hoy. ¡Debes hacer todo lo posible para recuperarlo!

— Temo que no va a ser fácil.

— Amigo mío, aquí no se trata de recuperar un tesoro enterrado: se trata de asegurar una obra de arte a todos aquéllos que, en el mundo entero, saben deleitarse aún con el divino lenguaje de la música. Las dificultades... Bien, las dificultades hay que superarlas.

— Tengo pocas esperanzas, pero lo intentaré.

El director de orquesta no consiguió volver a ver a Hans hasta el final de su agitadísima jornada.

Los ensayos le parecieron interminables y no dieron siquiera buenos resultados porque él no lograba concentrarse en la partitura, distraído pensando en el misterioso manuscrito que llevaba en la cartera. No tenía ninguna duda de que se trataba del fragmento del "concierto" de Mozart, lo intuía desde que vio la hoja. Pero el manuscrito únicamente tenía valor como curiosidad de museo, a menos que él lograra recuperar las otras hojas de la obra, reconstruirla por completo y ejecutarla.

Al finalizar el ensayo, rechazó incluso la invitación de Bruckner para no retrasarse. Corrió al hotel y preguntó por el *lift*.

— Hans no trabaja esta noche —le informaron—. Hoy es su día de descanso.

— ¿Dónde puedo encontrarlo? ¿Podría darme su dirección? Me urge verlo y puedo intentar buscarlo en su casa.

— Si se trata de algo relacionado con su trabajo, puede reclamar en dirección.

— No, no, es un asunto personal. ¿Dónde puedo encontrarlo? —insistió.

— Hans vive en el hotel, pero...

Una generosa propina puesta en la mano del empleado valió para superar cualquier objeción y llevar al director de orquesta a los sótanos del hotel, ante una puerta cerrada.

No era necesario llamar para saber que Hans se encontraba allí dentro: el débil sonido de la flauta era como un hilo de Ariadna en los pasillos húmedos y oscuros. El muchacho guardó el instrumento y se ruborizó, cuando entró el Maestro. El músico miró a su alrededor perplejo; en la estancia había pocas cosas en las que fijar la mirada.

Era un cuchitril más que una habitación, del tamaño justo para encajar un camastro entre las paredes. La ventana, por llamarla de alguna manera, era un estrecho tragaluz por el que entraba un haz luminoso a través de una rendija al ras de la acera.

— ¿Te hacen vivir aquí? —se indignó el músico.

— Estoy bien aquí.

— ¡En una celda de dos metros!

— Dos metros de techo son más grandes que el cielo para quien nunca ha tenido un hogar; éste es mi mundo. No será grande, no será bonito, pero es mío.

— ¿Estabas practicando? —el director de orquesta se apresuró a cambiar de conversación para ocultar su turbación.

— ¡Oh, no! Hace tiempo que dejé de tocar.

— ¡Pero estabas tocando cuando yo llegué!

— Sí, un momento de melancolía; pero ya se me ha pasado.

— ¿Sabes, Hans? Hay novedades acerca de esas hojas de música que me diste. Creo haber tenido la confirmación de mi primera intuición: el autor es Mozart.

— ¡No puede ser! —el muchacho quedó consternado—. Hasta el profesor Tieck excluyó esa posibilidad. Él afirmó conocer todas las "piezas" de Mozart...

— Pues es como te he dicho, estoy seguro de ello. Incluso creo que se puede tratar del famoso "concierto" desaparecido.

— ¿Un "concierto" desaparecido? —repitió el muchacho, cada vez más maravillado—. ¿Cómo puede ser que desaparezca un concierto?

— No sería el primer caso. Ya en varias ocasiones se han encontrado, al cabo de siglos, partituras cuya existencia se ignoraba o de las cuales se había perdido la pista. Está, por ejemplo, el caso de la *Sonata en mi bemol mayor* de Beethoven, de la que una editorial vienesa imprimió en 1792 un centenar de copias apenas. Se perdieron todas y de la "sonata" desapareció hasta el recuerdo; pero el año pasado, un pianista encontró fortuitamente una de las copias en una casa de Viena. El propietario la guardaba como una reliquia y, al ignorar que se habían perdido todas las demás copias, no sabía lo valiosa que era.

— Pero usted, *Herr Dirigent* —objetó el muchacho— acaba de decir que éste podría ser el famoso "concierto" desaparecido. Y bien, ¿cómo puede ser famoso si había desaparecido?

— Tienes razón, Hans. El hecho es que el "concierto" desaparecido, si en verdad se trata de ése concretamente, tiene una historia misteriosa.

— Me gustaría conocerla.

— Sabes que Mozart tuvo una vida muy atormentada. Su genio musical encontró un mecenas en el emperador José II de Habsburgo, que le contrató como "compositor de cámara del imperio" con un sueldo de ochocientos florines al año...

— ¡Entonces, no lo pasaba tan mal!

— Efectivamente: en ese período feliz compuso *Las bodas de Fígaro,* el *Don Juan,* las tres últimas sinfonías y otras muchas obras. Tenía la libertad de trabajar a su antojo, pero eso, si por un lado le permitió componer la música que más sentía, por otro le hizo perder los favores del público, que le consideraba demasiado "difícil". Mientras estuvo José II para creer en él y mantenerlo, todo marchó bien; pero cuando el emperador murió y le sucedió Leopoldo II en octubre de 1790, el gran músico fue víctima de las envidias y las intrigas políticas. Sus enemigos lo acusaron de ser un masón, un revolucionario; así, de pronto, Mozart fue apartado de la corte...

— ¿Y qué tiene que ver con todo esto el "concierto" desaparecido? —interrumpió Hans con impaciencia.

— ¡Aguarda! Precisamente en aquéllos que iban a ser los últimos catorce meses de su vida, Mozart se encontró con que tenía que empezar todo desde el principio. Se trasladó definitivamente a Viena, a una modestísima casa de la Rauhensteingasse, y para vivir hubo de adaptarse a los trabajos más extraños. Tuvo que aceptar componer musiquillas para carillones mecánicos de relojería e incluso componer música por cuenta ajena... No ya para los mecenas de antaño, sino para personajes presuntuosos que compraban sus composiciones para venderlas después como suyas. Uno de ellos fue el conde Franz von Walsegg, el cual, mediante un misterioso agente suyo, encargaba a Mozart unas composiciones que posteriormente dirigía en su castillo de Stuppach afirmando que eran de su propia creación. Y fue precisamente el emisario de Walsegg quien encargó a Mozart el "concierto", junto con el famoso *Requiem*.

— ¡Finalmente llegamos!

— Sabemos por numerosos testimonios, entre los que se encuentran unas cartas que Mozart escribió a su mujer, que el músico, en sus últimos meses de vida, estaba trabajando precisamente en el *Requiem* y en el "concierto". El primero quedó inconcluso; pero terminó el segundo, aunque nunca lo entregó al agente de Walsegg, el cual, tras la muerte del músico, reclamó el manuscrito que ya había pagado. Constanza, la mujer de

Mozart, y Süssmayer, discípulo y colaborador del músico, buscaron por doquier la partitura. Encontraron el *Requiem*, pero no el *Concierto para flauta*. Se siguió buscando durante años, pero en vano.

— ¿Adónde había ido a parar? —preguntó el muchacho, cada vez más curioso e interesado.

— ¡Eso podrías decírmelo tú mucho mejor! —el director de orquesta no supo contener una sonrisa.

— ¿Yo? —dijo Hans con los ojos desorbitados: empezaba a entender—. Me está diciendo que...

— Sí. Creo que el manuscrito que me has entregado es una parte del "concierto".

— Pero... ¿Cómo puede haber llegado hasta mí?

El director de orquesta le expuso sus suposiciones.

— ¿Pero por qué mi abuelo, después de coger el manuscrito que quedó sobre la mesa del "Rincón del Molinero" —objetó Hans—, iba a tenerlo escondido?

— No faltan explicaciones plausibles: basta con dejar volar la imaginación. De todos modos, pienso que todo ocurrió como te he dicho. Y ahora, al cabo de más de un siglo, el manuscrito está en tus manos.

— ¡Pero yo sólo tengo unas pocas hojas!

— Por eso es importantísimo encontrar también las otras.

— ¡Quién sabe dónde estarán!

— Me dijiste que tu padre encontró esas hojas en un baúl. ¿No pueden estar también las otras allí dentro?

— No sé. Podría ser.

— Así pues, en primer lugar, se trata de ir a mirar dentro de ese baúl.

— El hecho es que —vaciló Hans— no tengo la menor idea de dónde puede encontrarse.

— ¿No estaba en tu casa?

— Sí, hasta un momento determinado estuvo, de eso estoy segurísimo. Pero después, los bombardeos, los continuos traslados... No, *Herr Dirigent*, desgraciadamente no tengo la menor idea de dónde puede estar ahora, suponiendo que exista aún.

— Puede ser que, hablando de ello, recuerdes algo.

— ¿Hablando de qué?

— Por ejemplo, cuéntame lo que ocurrió cuando... Sí, vamos, tu madre murió en un bombardeo.

— Nada de especial. Mi padre había muerto ya en la guerra y yo quedé solo en el mundo. Unos buenos vecinos me llevaron a vivir con ellos, pero eran gente pobre. Comprendí que yo era una carga para ellos; así que busqué un trabajo y cuando lo encontré me trasladé aquí.

— ¿Qué fue de los objetos que había en tu casa? ¿Los llevaste contigo?

— No, Maestro, quedó todo bajo los escombros. No se salvó nada: absolutamente nada.

— ¡De modo que el baúl también pereció bajo las

bombas! —suspiró el italiano.

— No, estoy bastante seguro de que ya no estaba en nuestra casa entonces. Sólo teníamos una habitación y una cocina: si el baúl hubiese estado allí, lo habría visto sin duda y me acordaría de él.

— Pero tú me dijiste que lo habías visto con tus propios ojos.

— Sí, pero muchos años antes, cuando vivíamos en la otra casa. Ahora que lo pienso, Maestro, puede que el baúl se quedara en Kahlenberg.

— ¿Kahlenberg? Si no me quivoco, es un castillo a las afueras de Viena, en las colinas.

— Sí, exactamente en el Wienerwald, el bosque vienés.

— ¿Los tuyos vivían en un castillo?

— Cuando estábamos nosotros era una especie de refugio para los pobres y los que no tenían casa. Antiguamente debió ser muy distinto, cuando pertenecía a un príncipe o alguien por el estilo; pero después de la otra guerra, los príncipes fueron mandados a paseo, junto con el emperador, y el castillo fue requisado y transformado en un hospicio. Allí fueron también los míos cuando cerraron el "Rincón del Molinero".

— ¿Crees que el baúl puede estar todavía en Kahlenberg?

— De allí nos echaron un buen día, a toda prisa —explicó el muchacho—. Nos dieron el tiempo justo para recoger nuestras cosas... Mi padre no debió acordarse siquiera del viejo baúl del desván. Recuerdo que nos trasladamos a la nueva casa tirando de una carreta de mano... *Herr Dirigent*, estoy seguro de que en la carreta no estaba el baúl. ¡Veo esa carreta como si la tuviera ante mis ojos en este momento! No, el baúl no estaba. Ciertamente se quedó en el castillo.

— ¿Crees que puede estar todavía allí?

— Sí, si nadie se ha molestado en limpiar el desván.

— ¡Hans, tenemos que ir a Kahlenberg! Si hay una sola probabilidad de encontrar esa caja, no debemos desperdiciarla. En cualquier caso, si el baúl no estuviese allí, podríamos informarnos... ¡Al menos sabríamos por dónde empezar a buscarlo!

— Entonces —el muchacho se levantó— vámonos inmediatamente.

— ¿Ahora?

— Si el asunto es tan importante, es mejor no perder tiempo.

— Sí, eso es cierto, pero... Wienerwald está lejos y a esta hora ya no hay tranvías. No podremos regresar antes del toque de queda.

— No hay problema: usted tiene un salvoconducto y yo también. En cuanto al resto... ¿Maestro, sabe montar en bicicleta?

— No soy un campeón, pero no me caigo del sillín.

— Bien: yo tengo mi bicicleta y haré que me presten una para usted. En un par de horas podremos ir y volver.

5 Un arco iris de paz

EN el claro cielo de verano, la luna brillaba fisgona, casi burlándose con su claridad argéntea de la orden de oscurecer. Las estrellas jugaban al escondite con las absurdas aeronaves frenadas por las barreras antiaéreas y un perro que aullaba en la lejanía parecía repetir el sonido que la sirena de alarma.

— ¡Qué distinta sería la *Pastoral* si Beethoven la hubiera compuesto hoy! —dijo Hans de pronto—. Un bombardeo en vez del temporal, los ladridos de los perros vagabundos en vez del canto del ruiseñor, y los suspiros de la gente hambrienta y sin esperanza ¡Eso es lo que le habría inspirado hoy!

— No, Hans, —rebatió el director de orquesta— yo creo, en cambio, que no la habría creado de una manera diferente. Ni siquiera las cúpulas de cemento armado de los búnker para los cañones o los escombros de ciudades enteras logran afear la belleza de la naturaleza.

— ¿Y quién puede reparar ya en esas cosas?

— Verás como después de la tempestad de esta monstruosa guerra vuelve a salir el arco iris... un arco iris hecho de paz y de libertad.

— ¿Usted cree, Maestro? —replicó el muchacho

con una mueca escéptica—. Yo no sé siguiera qué es la paz. Desde que era niño se habla de guerra. Yo estaba en la *Hitlerjugend*...

— La que en la Italia de Mussolini es la "juventud del fascio" —observó el músico—. "Vanguardistas", "niños fascistas", niños vestidos de soldados y enviados a jugar a la guerra con un fusil de verdad.

Hans quedó pensativo un instante mientras seguía pedaleando.

— A nosotros también nos enseñaron a marchar, a hacer maniobras militares, a usar el fusil... —dijo con un suspiro.

— Pobre muchacho, te comprendo: naciste y creciste en un mundo de color gris-verdoso, cuyas "maravillas" parecen ser los *Panzer* y los *Stukas*. Pero el mundo no es esto. También existe el murmullo de los torrentes, el canto de los pájaros, la música del viento entre los árboles... Créeme, Hans, el mundo, a pesar de todo, sigue siendo el de la *Pastoral*, no el de los partes de guerra.

— Será como usted dice, maestro, pero ¿y los hombres? Los hombres son iguales que en los partes de guerra: o aliados o enemigos.

— Eso es precisamente lo mostruoso, Hans —murmuró el italiano, pensativo—. Ya no se sabe quiénes son los amigos y quiénes los enemigos, ni cuál es la "victoria" por la que debemos luchar y morir. No pensemos más en ello, muchacho: ahora pensar es demasiado peligroso. Algunas veces, cuando miro a mi alrededor, pienso que nosotros, los hombres, nos hemos convertido en simples animales. Vivimos, pero sólo para obedecer al instinto, para satisfacer el hambre... mas no logramos pensar, sentir. Y es mejor, ¿sabes?

— ¿Por qué? —Hans no estaba en absoluto convencido de eso.

— Temo que no podríamos sobrevivir si consiguiésemos razonar, comprender... Como si estuviésemos narcotizados: solamente vegetamos. Arrastramos pasivamente nuestra existencia un día tras otro, sin preguntarnos cómo será el día de mañana, y combatimos en nuestro interior la difícil batalla: la batalla contra el tiempo, contra los meses, contra los años, para resistir hasta el día en que podamos despertarnos y volver a vivir.

— Esos son discursos demasiado complicados para mí.

— Ya, tú no puedes entender... Pero entenderás de golpe cuando salga el arco iris.

— ¡Cuidado Maestro! —el muchacho reaccionó ante el peligro con un instinto tal, que su bicicleta se ladeó y él estuvo a punto de caer—. Hay una patrulla de ronda. ¡Son los de la *Gestapo*!

El simple hecho de nombar a la lamentablemente famosa policía nazi bastaba para provocar un escalofrío de terror.

— Ten calma, Hans: no tenemos nada que temer —dijo el músico.

Una motocicleta los adelantó y bloqueó el camino. Los dos obedecieron rápidamente la orden de detenerse, mientras una camioneta de la policía se paraba a sus espaldas.

— ¡Documentación! —intimó bruscamente un cabo.

El músico y el muchacho le mostraron sus documentos de identidad y los salvoconductos, que el agente examinó con desconfianza.

— ¿Adónde van? —les preguntó.

— ¿Tiene eso alguna importancia, *Kamerad* ? —replicó el director de orquesta—. Mi salvoconducto tiene el sello y la firma del Comandante de las Fuerzas Armadas. Pone que puedo circular libremente y no dice que no pueda dar un paseo en bicicleta cuando me apetezca.

— ¿Y el muchacho?

— Él viene conmigo. Buenas noches, camarada —el músico hizo ademán de volver a montar en la bicicleta—. ¡*Gute Nacht* !

— ¡Alto! —exclamó el cabo mientras su compañero apuntaba amenazante la pistola de cañones recortados que llevaba colgada en un costado—. Esperen.

El cabo fue a la camioneta y mostró los documentos a su comandante. Casi inmediatamente salió del vehículo un oficial barrigudo con la gorra cubriéndole la coronilla. Caminó a grandes pasos hacia los dos detenidos:

— ¿Usted es músico? —se dirigió al Maestro—. ¿Italiano?

— Eso pone en mi documentación.

— Yo le conozco, ¿sabe? Naturalmente, sólo de oídas. Yo también iré a escuchar su concierto.

Imagínese que para estar libre mañana por la noche le he cambiado el turno a un compañero. A él no le gustan los conciertos.

— Es una lástima —respondió el Maestro con un tono arisco.

— Yo, por el contrario —prosiguió el otro— soy un apasionado. Prefiero las óperas, y en particular las italianas. ¡Figúrese, las conozco todas! ¿Quiere que le cante la "cavatina" del *Barbero de Sevilla*?

— En otra ocasión, si no le importa. Ahora tengo prisa.

— Claro, es natural, a nadie le agrada que le detengan por la calle cuando va tranquilamente a su aire. Pero debe entenderlo, es la guerra.

— ¡Ya, la guerra!

— ¡Tú lárgate! —ordenó airadamente el oficial al motorista—. *Gute Nacht, Herr Dirigent...* y felicidades por su concierto.

El músico y el muchacho continuaron pedaleando por las callejuelas silenciosas y oscuras de la periferia, dejando atrás al suboficial que, con un sonoro taconeo, se puso en posición de firme. Pero al director el suceso le sirvió para mejorar su humor.

— ¿Has visto, Hans? Exactamente como te iba diciendo, todavía hay algo que no conoce uniformes ni campos de batalla: la música. En nuestro espíritu hay unos sentimientos que no podrá aniquilar ninguna guerra, y precisamente por esto estoy seguro de que algún día volveremos a vivir en paz.

— Será...

Tuvieron que pedalear con más fuerza para subir una pendiente y el cansancio les hizo permanecer en silencio; pero siguieron taciturnos, pedaleando uno junto al otro, incluso cuando llegaron al tramo llano.

— Supongo que sigues pensando en el manuscrito —dijo el músico a su singular compañero.

— Así es. ¡Parece un cuento!

— Pero no lo es. Ya te he explicado cómo pudo desaparecer, para volver a salir a la luz hoy.

— Maestro, hábleme de Mozart. ¿De verdad fue un niño prodigio?

— Sí, un hijo del arte. También su padre, Leopold, fue músico y compositor. No tardó en darse cuenta del extraordinario talento de su hijo y desde su más tierna infancia hizo de él una especie de fenomeno de barraca de feria, exhibiéndolo en los teatros y en las cortes de toda Europa, y dejando a todo el mundo maravillado. Wolfgang era casi un niño cuando tuvo éxitos clamorosos en Alemania, Italia, Francia e Inglaterra, tocando el violín y el piano.

— ¿Tocaba sus composiciones?

— Sí, las suyas y las de otros. Piensa que su primera composición para piano, y quizá la primera que llegó hasta nosotros, aquella en do mayor, la escribió en 1764, con ocho años. Un año más tarde compuso seis "sonatas" para violín; a los doce años escribió ese "concierto" para trompeta que se perdió, un ofertorio, la llamada "misa del orfelinato" y su primera ópera, *La crédula fingida*, basada en un texto de Carlo Goldoni...

— ¡Compuso mucha música!

— Y de todos los géneros: óperas, operetas, sinfonías, "conciertos", "sonatas", "divertimentos", serenatas, "motetes", cuartetos, además de música de cámara, misas, "cantatas"... Escribió más de mil composiciones, de las cuales fueron publicadas antes de su muerte apenas setenta. ¡Quién sabe cuántas se habrán perdido!

— ¿Tuvo mucho éxito?

— Más que nada, triunfos ficticios. Cuando fue invitado a tocar en la corte de Viena, el atuendo con que se presentó era tan mísero que le regalaron un traje desechado por el archiduque Maximiliano, que tenía pocos años más que él. Tuvo una carrera brillante, pero obtuvo de ella poquísimas satisfacciones. Más tarde, cuando ya era muy renombrado, para mantener a su familia tuvo que componer una sinfonía tras otra a cambio del puñado de monedas con que le pagaban sus "mecenas": príncipes, barones, ricos comerciantes... No conoció el verdadero éxito hasta los treinta años, con *Las bodas de Fígaro,* una ópera que gustó hasta tal punto al emperador José II, que nombró a Mozart "compositor de cámara del imperio".

— Consiguió un buen puesto, en suma.

— Tampoco tanto. A cambio de las sinfonías y de los conciertos con que alegraba las recepciones de la corte, recibía sólo calderilla. José II lo tomó a su servicio entre otras cosas por el sustancioso ahorro que el joven músico le permitía hacer en los gastos de la corona. El anterior "compositor del imperio", Gluck, exigía un sueldo de dos mil florines; Mozart se conformaba con ochocientos, menos de la mitad.

— ¿Y por qué Mozart se conformó con una paga tan modesta? ¡Valía mucho más que Gluck!

— No para sus contemporáneos. ¡Pobre Mozart! Ya te he contado a qué humillantes trabajos tuvo que rebajarse, especialmente después de que Leopoldo II lo expulsara de la corte; y efectivamente toda su vida, tras los ficticios triunfos de juventud, fue un drama cada vez más conmovedor, hasta la tragedia de su muerte.

— ¿Por qué tragedia?

— Algunos sostienen que Mozart fue envenenado por alguien que estaba interesado en quitarle de en medio.

— ¿Quién?

— Muchos años después, cuando los vieneses se dieron cuenta del verdadero genio de Mozart, se puso de moda acusar a un músico italiano que llegó a la corte imperial, Antonio Salieri. Se dijo que le había matado por envidia, para apartar de su camino al sublime rival...

— ¿Y era verdad?

— ¡Quién sabe! En todo caso, podría haber sido exactamente al contrario. Hoy Mozart es grande y Salieri es mediocre, pero cuando los dos vivían Salieri era quien alcanzaba éxitos estrepitosos. ¡Si Mozart era un rival para él, lo dejó atrás a una gran distancia! Tanto es así que se dirigieron a él, como el mejor músico de la época, el maestro más cualificado, alumnos del calibre de Beethoven, Schubert, Liszt... e incluso Franz Xaver, el hijo de Mozart. El propio Mozart reconocía la maestría de Salieri hasta el punto de mandar a su hijo a su escuela en vez de enseñarle música él mismo. Por lo demás, cuando Mozart murió, muy pocos eran conscientes de que había desaparecido un auténtico "grande" de la música. ¿Sabes quién acudió a su funeral?

— El emperador, supongo, toda Viena, una muchedumbre enorme...

— Solamente un perro: un bastardo despistado, con las orejas colgando. Eso, al menos, es lo que se ve en una publicación de la época que se hizo famosa. Le hicieron un rápido funeral de tercera clase y no se sabe siquiera donde fue enterrado, imagínate.

— ¡Cómo que no! —protestó el muchacho—. ¡Aquí, en Viena, en el cementerio de Sankt Marx, allí está la tumba de Mozart!

— Un monumento vacío —rebatió el músico—. No contiene sus restos mortales.

— ¿Pero entonces?

— Verás, muchacho, lo más importante no son los monumentos levantados por los hombres. El monumento más grandioso de Mozart lo ha construido la música que él supo crear. Él, Wolfgang Amadeus, lo sabía... ¿qué podían importarle los hombres, el dinero, la fama? Vivía por lo que llevaba dentro de sí y solamente de ese modo un músico, como cualquier otro artista, puede pasar por la vida material para vivir en la eternidad de la vida espiritual.

— ¿Y usted, Maestro? ¿Tampoco se preocupa de la fama y el dinero?

— Sí, claro, eso también cuenta; pero no es lo más importante. No sé si consigo hacerme entender... Sabes, es como algo que está dentro y debe salir.

— Le comprendo muy bien, Maestro. A mí también me ocurre cuando me siento solo y me embarga la tristeza, a veces hasta la desesperación. Entonces toco: toco para no llorar.

El Maestro miró pensativo al muchacho.

— ¿Sabes Hans, —le dijo— lo que significa que a tu edad sucedan estas cosas? Que eres un auténtico músico, un artista.

— ¡Pero yo no sé tocar apenas!

— No importa: tendrás tiempo de aprender.

6 La inquieta vigilancia

PEDALEANDO con afán, en el silencio lleno de misterio de la noche, el músico y el muchacho se adentraron en caminos tortuosos entre los setos floridos y los árboles seculares del Wienerwald. Después la cuesta arriba se hizo demasiado dura y pedregosa para un ciclista ocasional como era el director de orquesta.

— Dejemos aquí las bicicletas y continuemos a pie —propuso el muchacho—. Ya no está lejos el castillo.

— ¿Estás seguro de no haberte confundido de camino?

— Conozco esta parte del bosque como mis bolsillos. Podría venir con los ojos vendados.

— Adelante entonces.

— Hay un atajo... ¿Podrá usted trepar?

— ¡Claro! Tengo buenas piernas.

Siguiendo al muchacho, el Maestro se introdujo entre los matorrales, hacia la cima de la colina. La oscuridad era honda; sólo a veces un incierto rayo de luna lograba infiltrarse entre las ramas frondosas de las encinas y los tilos. Para complicar aún más la cosa, de cuando en cuando la pareja encontraba en su camino una alambrada de espinos.

— Tenga cuidado, Maestro —advirtió Hans—. Hay muchas más.

— ¡Me gustaría saber qué significan!

— No haga caso: las han puesto por todas partes.

— También hay unos carteles clavados en los árboles.

— Sí, pero no consigo leer lo que pone en ellos.

— ¡Deberíamos haber traído una linterna!

— Ya, ¿para que nos acusaran de transgredir las normas de la oscuridad? Son muy severos y en eso tienen razón. Pero no se preocupe, Maestro, venga detrás de mí: aprendí a manejar los alambres de espinos cuando era niño y tenía que entrar en los campos a robar manzanas y patatas.

— Hans, quizá sea mejor que volvamos mañana, de día.

— ¿Ahora, que ya hemos llegado casi? El castillo está a doscientos o trescientos metros, no más. Métase por ahí, yo tendré separados los alambres... ¡y tenga cuidado con su espalda cuando se levante!

— ¿Estás completamente seguro de no haberte equivocado de camino con esta oscuridad? —se volvió a preocupar el músico, que empezaba a sentir en su interior un cierto temor.

— Segurísimo. El castillo está...

Hans no terminó la frase: de pronto pareció como

si el mundo entero se volviese contra ellos. Entre los árboles se encendieron unos focos que traspasaban la oscuridad y se oyeron gritos y pasos apresurados de soldados:

— *¡Halt! ¿Wer da?* (¡Alto! ¿Quién va ahí?).

— *¡Halt, oder ich schiesse!* (¡Alto o disparo!).

— ¡Abajo, Maestro! —instintivamente, el muchacho se puso detrás del compañero—. ¡Detrás del matorral!

Se escondieron detrás de un seto de boj y permanecieron inmóviles y en silencio mientras a su alrededor aumentaba el alboroto. A las órdenes de los soldados se añadieron, en la lejanía, los ladridos de los perros y una ráfaga de ametralladora.

— ¿Pero qué ocurre? —murmuró el director, atónito, al oído del muchacho.

— ¡Permanezca escondido, Maestro! ¿Quiere que le descubran con los reflectores?

Un potente rayo luminoso rozó la parte alta del matorral, volvió atrás, iluminó de nuevo la oscuridad, subió hasta los árboles y, por un momento, enfocó el cartel clavado en un tronco.

— *¡Militärzone!* —leyó el Maestro palideciendo.

— ¡Maldita sea! —exclamó Hans—. Deben haber puesto un comando en el castillo.

— ¿Tú lo sabías?

— ¡No! ¡No habría cometido la locura de venir!

— Vamos a presentarnos, Hans, es mejor. Podemos explicarles por qué estamos aquí...

— ¿Bromea? ¿No sabe que "ésos" sólo piden explicaciones después de enviar a la gente a un *Lager*? ¡No, no se mueva!

Pero las voces, los ladridos y los disparos se oían cada vez más cerca.

— ¡Nos cogerán, Hans!

— Nos pondremos a correr cuando se haya apagado la luz de los reflectores.

— ¡Nos atraparán, Hans, y entonces será peor!

— ¡No quiero que me cojan! Bastará con que corramos hacia las bicicletas.

El rayo del reflector volvió a acercarse al matorral y lo iluminó. El muchacho obligó a su compañero a permanecer inmóvil junto a las ramas, con el corazón a punto de estallarle dentro del pecho. Una vez más el haz de luz se detuvo en los matorrales, volteó en la oscuridad y finalmente fue a enfocar los árboles y desapareció.

— ¡Ahora, Maestro! ¡Vamos!

— El muchacho se puso a correr colina abajo enloquecido, con la espalda inclinada, antes de que el músico pudiese agarrarlo.

— ¡Deténte, Hans! —gritó con la voz entrecortada. — ¡Nos cogerán!

— ¡Corra, Maestro! Las bicicletas...

— ¡Deténte, te digo! ¡No hagas locuras!

— ¡Por aquí, Maestro!

Y el director no pudo hacer otra cosa que correr

tras el muchacho, no ya para impedir que se metiera en un lío, sino para tratar de huir. Pero el terror había puesto alas a los pies del *lift*. Corría ágil y silencioso, saltando todos los obstáculos, pasando entre ellos... En pocos segundos se encontraba al otro lado de la alambrada, mientras a sus espaldas las órdenes se hacían cada vez más apremiantes y los ladridos más amenazadores.

Ya fuera del bosque el muchacho, jadeante, se paró a esperar al Maestro:

— Lo hemos logrado, ahí están las bicicletas —le dijo—. Coja la suya y pedalee lo más fuerte que pueda.

— ¿Y tú?

— Si seguimos juntos nos cogerán más fácilmente.

— ¡No puedo dejarte solo!

— No se preocupe por mí: atajaré por los bosques. Hay unos senderos que sólo yo conozco.

— No, Hans, no...

Pero, sin prestarle atención, el muchacho emprendió la huida. El Maestro quedó un instante desconcertado, luego hizo ademán de correr tras él:

— ¡Deténte, Hans, espérame! ¡Hans... Hans...!

El rayo de luz pasó sobre su cabeza y le obligó a resguardarse detrás de un tronco. Los gritos y los ladridos resonaron heladores delante de él, muy cercanos, a tan sólo unas decenas de metros. Debía haber otra patrulla en la vereda.

— *¡Halt, oder ich schiesse!* —intimó una voz rabiosa.

El músico se arrimó más al tronco, impulsado sólo por el instinto de conservación.

— *¡Halt, oder ich schiesse!*

Esta vez la amenza fue acompañada de una ráfaga de ametralladora, un chisporroteo rabioso segó los árboles detrás del muchacho que huía. Después, un largo y dramático silencio. El músico, desde su escondite, pudo entrever las siluetas negras de los dos soldados que, tras la inútil persecución, permanecían inmóviles con las armas en la mano.

— ¡Lo ha conseguido! —rugió uno.

— ¡Pero no llegará lejos! —el otro alzó los hombros.

— ¿Tú crees?

— A la fuerza. Hay otros puestos de guardia a los pies de la colina. Ellos se encargarán de atraparlo. Ven, vamos a telefonear.

— ¡ Estás loco, Fritz! El mayor nos pondría bajo arresto si dijésemos que lo hemos visto y lo hemos dejado escapar.

— ¡Ese fanático sería capaz de hacernos un consejo de guerra! ¿Pero entonces, qué crees que hemos de hacer?

El otro soldado introdujo su mano por debajo del casco y se rascó la cabeza; después se volvió a colgar del hombro la ametralladora.

— ¿Tú has visto algo, Fritz?

— No. Yo no he visto ni he oído nada. ¿Y tú?

— Yo tampoco.

— Entonces, dado que aquí no hay nadie, vamos a buscar a otra parte. ¡Ven!

* * *

A la mañana siguiente, como cualquier otro día, hubo ensayo, el ensayo general, ya que el concierto estaba anunciado para esa misma noche.

El director de orquesta llegó al teatro con la puntualidad habitual y dirigió a sus profesores con la eficiencia acostumbrada; pero quien lo conocía bien, como Bruckner, y era capaz de percibir ciertos detalles, se dio cuenta de su inexplicable nerviosismo, de algunos instantes de distracción por su parte y de una insólita prisa.

— Basta por hoy —ordenó el Maestro, cuando aún se podían oír los ecos de las últimas notas de la *Pastoral* en la gran sala semidesierta.

— ¿No se hará la segunda prueba, como de costumbre? —preguntó sorprendido el director del teatro.

— No es necesario. Creo que podemos sentirnos satisfechos.

— ¡No podríamos hacerlo mejor! —reiteró el profesor Bruckner—. La ejecución es realmente perfecta.

— ¡Esta noche haremos furor! —afirmó Tieck, el flautista.

— Gracias por su colaboración, señores —el director interrumpió bruscamente los comentarios que seguían a todos los ensayos—. Nos veremos esta noche en el concierto.

Al abandonar a toda prisa el escenario, el director pasó junto al primer violinista. Había estado reflexionando durante todo el ensayo general y había llegado a la conclusión de que, por sí solo, no podía hacer nada. Necesitaba que le ayudara alguien y sentía que sólo podía confiar en Bruckner.

— ¿Profesor, tiene un poco de tiempo? Desearía hablarle.

— Estoy a su disposición, *Herr Dirigent* —asintió el violinista, intuyendo por su tono de voz que debía haber ocurrido algo grave.

— No aquí. Hay demasiados oídos indiscretos —murmuró el Maestro—. En mi camerino.

El violinista no tardó en alcanzar al director. Antes de cerrar la puerta acolchada del camerino, comprobó que no quedaba nadie en los pasillos.

— ¿Qué sucede, Maestro? —preguntó con impaciencia—. He notado durante el ensayo que estaba muy preocupado.

— Así es.

— ¿Algo grave?

— No sé. Puede serlo.

Antes de continuar, el músico volvió a abrir la puerta para cerciorarse de que no había nadie escuchando. Para tomar más precauciones, cerró con llave.

— Bien, ahora podemos hablar sin temor —afirmó—. Bruckner, necesito su ayuda.

— ¿De qué se trata?

— Temo haber puesto en apuros a Hans.

— ¿Hans?

— Anoche... tengo que contarle todo desde el principio.

El director de orquesta relató concisamente cuanto había sucedido, desde el momento en que fue a buscar al joven ascensorista a los sótanos del hotel, hasta cuando le separó de él la ráfaga de ametralladora en el Wienerwald.

— ... y desde que Hans me dejó en el bosque —concluyó— no lo he vuelto a ver.

— ¿No ha regresado al hotel?

— No. Esta mañana no ha trabajado.

— ¡Mal asunto! ¿Ha preguntado por él en el hotel?

— Sí, no saben nada. No parecen estar alarmados, sin embargo. Los ascensoristas se turnan y Hans está libre hasta esta noche. Me han dicho que suele trabajar también cuando está libre para ganarse alguna propina, pero a veces va a Berndorff, a visitar a unos parientes lejanos.

— Entonces, no hay todavía serios motivos para preocuparse. Seguramente Hans habrá ido allí. Si lo hubiesen detenido anoche, usted se habría dado cuenta del alboroto.

— Estaba todo tranquilo —afirmó el director—. Permanecí escondido durante mucho tiempo antes de salir corriendo yo también.

— No oyó disparos, gritos... qué sé yo, ruidos de coche...

— No, nada.

— ¿Ve? No pueden haberle cogido. Esté tranquilo, Hans volverá. Quizá se encuentre ya en el hotel. ¿Por qué no telefonea para cerciorarse?

— No, si muestro demasiado interés por él despertaré la curiosidad del portero y de algún otro.

— ¿Maestro, qué es lo que le preocupa?

— No lo sé ni siquiera yo. Verá Bruckner, el caso es que cuando estaba interrogando al portero, no muy lejos había un oficial de las SS. Me miraba de reojo, con disimulo... Una sola mirada, pero heladora.

— Puede ser solamente una impresión suya. Si hubiesen detenido a Hans y las SS sospecharan de usted, a estas horas no estaría aquí: se encontraría en los sótanos de alguna dependencia a la espera de ser introducido en un furgón y trasladado quién sabe adónde. ¡Debería haber aprendido ya que los nazis actúan con gran celeridad!

— Entonces, Bruckner, ¿qué me aconseja hacer?

— Nada. Esperemos. Si esta noche Hans no ha regresado, será el momento de pensar qué hacer.

— Yo ya no estaré aquí esta noche.

— ¿Adónde piensa ir? Sabe perfectamente que no nos podemos mover de Viena.

— Yo me marcharé, todavía no sé cómo, pero me marcharé. Sé que me puedo fiar de usted, Bruckner... Se lo contaré todo. He decidido volver a Italia.

— ¿Usted bromea? ¿Y además, de qué serviría? Sicilia está ya casi totalmente ocupada por los angloamericanos. ¿Cómo logrará reunirse con su familia?

— Intentaré cruzar las líneas.

— ¡Locuras!

— He de hacerlo.

— Creo que no debe preocuparse por los suyos: con los americanos estarán mucho mejor que nosotros.

— No es sólo por los míos por lo que quiero ir —el Maestro vaciló, casi como si no encontrase las palabras exactas o tuviese vergüenza de sus sentimientos—... No sé bien qué puede hacer un director de orquesta por la liberación de su país —murmuró— pero lo poco que pueda hacer lo haré. He de llegar a Sicilia como sea.

— ¿Sabe que está vigilada por la Gestapo? Todos los italianos están bajo control. Hitler ya no se fía.

— Lo sé. Precisamente por eso he de darme prisa. Y el momento mejor para partir es esta noche, inmediatamente después del concierto, aprovechando la confusión. Las SS no pensarán que me voy a marchar justo entonces.

— Podría funcionar —opinió Bruckner tras un instante de reflexión—... ¿Pero cómo se marchará sin automóvil y con los trenes parados?

— Hallaré la solución. Bruckner, usted tiene que prometerme que hará lo posible por encontrar a Hans y ayudarlo. No me marcharía tranquilo sin saber que ese muchacho queda en buenas manos.

— Yo, personalmente, puedo hacer muy poco; pero Maestro, si usted ha confiado en mí, yo confiaré en usted. Tengo amigos capaces de ayudar a Hans... y a usted también.

— ¿Qué amigos?

— Gente que, como usted, desea trabajar por la libertad de su propio país. Venga conmigo: iremos a ver a Wilhelm.

— ¿Quién es Wilhelm?

— Es el jefe. Naturalmente, ése es sólo su seudónimo. Ni yo sé quién es en realidad.

7 ¡Nada más que un autógrafo!

EN la Viena del 43, cuando se quería hablar libremente de temas que no agradaban a los "ababoles" nazis, el lugar más indicado para hacerlo era un banco de los jardines públicos. No se podía ni pensar en encerrarse en una cervecería o en otro local público donde cualquier oído podía ser de un espía; y en una casa particular el ir y venir, a la larga, podía despertar las sospechas de alguien. En un parque, por el contrario, se aparentaba estar tomando el fresco tranquilamente y si llegaba algún intruso se le veía a distancia y daba tiempo a cambiar de tema. Por eso, los tres amigos recurrieron a ese viejo sistema.

Wilhelm era un hombre singular, tan anciano que no formaba parte de las quintas llamadas a filas, vestido con una sencillez digna de la profesión que indicaban sus documentos de identidad; pero estaba dotado de una fuerza de espíritu tal que impresionaba a quien se le acercara y de una voluntad tan férrea que le hacía parecer más fuerte que un gigante. El director de orquesta le expuso confiado sus problemas y sus preocupaciones.

— He comprendido, *Herr Dirigent* —aseguró al final.

— ¿Y bien, Wilhelm? —le preguntó el profesor

Bruckner—. ¿Puede hacer algo?

En vez de responder, el hombre hizo al profesor una pregunta imprevisible:

— ¿Le gusta Strauss?

— ¿Strauss? —dijo el director de orquesta asombrado—. Disculpe, pero no entiendo lo que...

Entendió gracias a una mirada elocuente de su compañero: al fondo de la calle se divisaban dos hombres que, pese a su indumentaria burguesa, tenían toda la apariencia de ser agentes de la policía nazi.

— En Italia muchos no consideran a Strauss un verdadero clásico —comentó Wilhelm con aire distraído y coloquial.

— Es una equivocación. Aunque es cierto que la música de Strauss sugiere imágenes típicamente vienesas de selectas damas y acicalados oficiales bailando vertiginosamente, también es verdad que se trata de una música estrechamente ligada a la tradición más clásica...

Los dos desconocidos, como por casualidad, se detuvieron justamente delante del banco para encender un cigarrillo; pero, no obstante su fingida indiferencia, no era difícil darse cuenta de que escuchaban con atención la conversación de los tres hombres del banco.

— Las peculiaridades estilísticas de la música de Strauss —prosiguió el director de orquesta— son idénticas a las de Brahms...

Los dos esbirros, confiados al oír esa conversación que muy probablemente no eran siquiera capaces de entender, se alejaron dejando tras de sí una estela de humo azulado.

— ¿Y bien, Wilhelm? —repitió Bruckner apenas estuvieron solos de nuevo—. ¿Puede hacer algo?

— Espero que sí. Nuestra organización tiene patriotas incluso en Berndorff. Les comunicaré que busquen al muchacho. Si no está allí... Bueno, nos preocuparemos por él en cualquier caso.

— ¡No sé cómo agradecérselo, Wilhelm! —exclamó el director.

— Nada de agradecimientos: trabajamos todos por la misma causa. En cuanto a usted, *Herr Dirigent*... Sí, se debería poder hacer algo. Buscaré un coche que le lleve hasta Brenner. Naturalmente, no puedo garantizar que llegue sano y salvo: las carreteras están llenas de puestos de control y, por si no fuera suficiente, están los bombardeos.

— Estoy dispuesto a arriesgarme. Además será todavía peor cuando tenga que cruzar las líneas.

— Mantendré informado a Bruckner —prometió Wilhelm—. Ahora les tengo que dejar.

— No sé si nos volveremos a ver, Wilhelm... —murmuró el director, conmovido—... Nos aguardan meses y tal vez años más duros que los que hemos vivido.

— Sí, ha de derramarse mucha sangre aún... pero es necesario para que nuestros países recuperen la paz y la libertad. *¡Aufwiedersehen, Herr Dirigent!*

— Sí, hasta la vista, Wilhelm —repitió el músico.

— Y mucha suerte... a ustedes los austriacos y a nosotros los italianos.

— ¡A todo el mundo! —hizo eco Bruckner—. ¡Todo el mundo necesita mucha suerte para salir de esta destrucción!

Wilhelm se marchó a paso ligero, aunque estaba débil por la edad, las privaciones y el más profundo agotamiento. Una vez solos, el director de orquesta y el violinista se miraron con unos ojos que expresaban una mezcla de sentimientos... y sobre todo una honda turbación.

— ¡Esperemos que de verdad pueda hacer algo! —suspiró el Maestro.

— Puede estar tranquilo: Wilhelm mantiene siempre sus promesas.

— ¿Qué he de hacer yo entretanto?

— Vuelva al hotel. Espero que Hans haya aparecido ya.

— Sí, es lo mejor que se puede hacer por el momento.

— Lo acompaño.

Se pusieron en camino lentamente y en silencio hacia el Sacher, que no estaba muy lejos, al otro lado del jardín público. El centinela los miró con recelo, pero, al reconocer al director de orquesta, los dejó pasar sin tenerle que mostrar la documentación.

El enorme vestíbulo estaba, como de costumbre, atestado de oficiales. Algunos, sentados en los mullidos sillones, relataban sus hazañas de guerra a un reducido público de admiradores y admiradoras; otros hacían planes para la noche y saludaban a familiares y amigos antes de regresar al frente. Entre ellos se hallaban, atareadísimos, los superiores del partido, mostrando con ostentación en la manga su brazalete rojo con la esvástica dibujada dentro del círculo blanco —la "cruz gamada", emblema del régimen nazi, bajo el cual media Europa había aprendido a temer la crueldad y las humillaciones— y los suboficiales de servicio.

— ¡Mire, Maestro! —Bruckner agarró del brazo con nerviosismo al director—. El portero viene hacia usted.

— ¿Qué puede querer? —se alarmó el músico.

— Esté tranquilo.

— *Guten Abend, Herr Dirigent* —el portero saludó con una rígida inclinación de cabeza—. Un capitán de las SS ha preguntado por usted. Le está esperando en el salón.

— ¿Ha preguntado por mí? —el italiano se esforzó en disimular su repentina agitación.

— Le lleva esperando mucho rato —precisó el portero.

— Gracias. Voy en seguida.

Pero, cuando el portero no podía oírle ya, dio vía libre a su pánico improviso.

— ¡Han venido a arrestarme, Bruckner! Pero no me cogerán. Venga conmigo. Aparentaremos que no ocurre nada...

— ¿Qué pretende hacer?

— Hay una salida secundaria. Llegaremos hasta

ella y...

— ¡No! Si ese oficial está aquí por la razón que suponemos, sin duda la otra salida estará vigilada. Si intentase huir despertaría muchas sospechas.

— Tiene razón. Pero entonces ¿qué hago?

— Márchese. Yo permaneceré aquí observando lo que ocurre, confíe en mí y mis amigos. Wilhelm ha salvado ya a más de una persona de las garras de los esbirros.

— Sí, será mejor que haga lo que usted dice.

Tratando de dominarse, entró en el salón contiguo. Al verlo, un oficial acicalado y lleno de vanidad se puso en pie y se dirigió hacia él.

— Capitán Kirchheim —se presentó chocando los tacones.

— Dígame, capitán. ¿En qué puedo serle útil?

— Un autógrafo.

— ¿Qué?... Un...

— Colecciono autógrafos de grandes músicos —explicó el oficial siempre en posición de firmes.

— No soy aún lo bastante "grande" para figurar en su colección, capitán —exclamó el director aliviado e incrédulo.

— Se lo ruego. Usted pronto será un grandísimo director. En Viena se habla mucho de su *Pastoral*... Esta noche iré yo también a aplaudirle.

— El público, capitán, no entenderá mi *Pastoral* —replicó el director con un gesto de enojo.

— Esta noche usted tendrá un gran público. Nosotros los alemanes sentimos mucho amor por la música. Tenemos mucho oído.

— Capitán, la música se escucha con el corazón, no con los oídos. —Se arrepintió de haber pronunciado esa frase que desvelaba tan abiertamente su significado y, para no dar al capitán tiempo de percetarse de ello, añadió con brusquedad: —Déme una pluma.

Firmó apresuramente en el cuaderno que el capitán le tendió mientras se deshacía en agradecimientos. El Maestro no veía el momento de quitarse de encima al inoportuno admirador. Volvió con Bruckner que, presa de una viva inquietud, había permanecido esperándolo en el vestíbulo:

— ¿Y bien?

— ¡Una falsa alarma, querido Bruckner! Quería un autógrafo. ¡Nada más que un autógrafo!

— ¡Santo cielo! ¿Por semejante tontería nos ha puesto el alma en vilo?

— Mejor que haya sido así, ¿no le parece?

— Naturalmente, mucho mejor. ¡Pero, qué miedo por un momento!

— ¿Sabe una cosa, querido Bruckner? Llevo muchos años soñando con el día en que alguien me pidiese el primer autógrafo; ¡pero nunca me había imaginado que la situación me fuera a causar tanto miedo!

* * *

La inmensa bombonera de terciopelo del Teatro de la Opera, rica en adornos y estatuillas doradas, aparecía transformada por las discretas luces del concierto.

Aunque por todas partes —en el patio de butacas, en los palcos y hasta en el gallinero— solamente se veían uniformes, la magia de la inmortal música de Beethoven hacía de todos no unos soldados cargados de condecoraciones y de medallas, unos mercenarios enloquecidos del dios de la guerra, sino unos hombres emocionados, unos seres vivos embargados por un hondo sentimiento, más poderoso aún dado que en sus oídos todavía retumbaban los estallidos de las bombas y el chisporroteo de los fusiles. Cuando calló la orquesta, en el insólito público se desató un auténtico delirio. Los espectadores uniformados, todos de pie, aplaudían y gritaban como olvidando su militaresca austeridad. El director bajó de la tarima, hizo una reverencia en señal de agradecimiento, pero no se quedó saboreando su esperado triunfo. Pasó con celeridad entre bastidores esquivando al director del teatro, a los empleados e incluso a los bomberos que acudían a felicitarle.

— Maestro —le alcanzó el profesor Bruckner— en la salida de los artistas encontrará un coche de la *Wehrmarcht* esperándolo. El conductor es del grupo de Wilhelm y ya sabe lo que debe hacer. Fíese de él.

— Gracias, Bruckner —el Maestro estrechó con fuerza la mano del violinista—. Cuando todo haya acabado, regresaré. Tal vez pueda volver a dirigir en este teatro.

— Váyase, *Herr Dirigent*, deprisa, —le aconsejó el violinista— antes de que comience el asedio de los admiradores. ¡Márchese o será demasiado tarde!

En efecto, por el pasillo que comunicaba el patio

de butacas con los camerinos ya se oían las carreras precipitadas de los que se lanzaban al asalto del nuevo "divo" de la música.

— ¡*Aufwiedersehen*, Bruckner!

— ¡Mucha suerte, *Herr Dirigent*!

El joven director se dirigió con rapidez a los pasillos que conducían a la salida de los artistas, decidido a ir contra su destino. El violinista quedó haciendo frente al grupo de admiradores entusiastas ante la puerta cerrada del camerino:

— ¡Un momento, señores, un poco de paciencia! —tuvo que alzar la voz para que le oyeran—. El Maestro necesita descansar unos minutos.

— ¿Se encuentra mal?

— Verán: la tensión del concierto, la emoción...

Desilusionados, pero decididos a no renunciar, los altos oficiales que habían acudido a felicitar al prodigioso músico, se dispusieron a esperar. También lo hizo un imponente general que llevaba un monumental sombrero como una corona y un monóculo encajado en la órbita del ojo. Reconoció, entre el gentío excitado, a un subalterno:

— ¡Capitán Kirchheim! —lo llamó.

— A sus órdenes, señor general.

— ¿Usted también aquí, capitán?

— No me habría perdido este concierto por nada del mundo.

— Tiene razón: una *Pastoral* ciertamente memorable. Este joven director llegará lejos.

— Una ejecución estupenda, dulcísima, vigorosa, llena de sentimiento...

— Inolvidable: es la palabra justa —aprobó el general—. ¡Inolvidable!

Se quitó el monóculo, echó el aliento en él y lo frotó contra la manga de la chaqueta, aunque brillaba más que un diamante.

— Oh, lo olvidaba, Kirchheim —añadió—. El muchacho que ha sido detenido en Kahlenberg...

— A estas horas debe estar ya de viaje hacia Mauthausen —aseguró el capitán.

— ¡Bien! ¡Ninguna piedad con los espías y los traidores! ¡El Gran Reich y la Italia fascista sabrán destruir a todos sus enemigos!

8 La guerra continúa

EL famoso y ya viejo director de orquesta permaneció mucho tiempo en silencio, abrumado por los recuerdos; y los periodistas que lo rodeaban respetaron su evidente conmoción; pero los dos jóvenes enviados especiales del *Calabrone* eran impacientes, como todos los muchachos:

— ¿Termina aquí la historia, Maestro? —preguntaron algo desilusionados.

— ¡No! Esto es sólo el prólogo.

— ¡Continúe, entonces!

— ¿No os parece que ya he hablado demasiado?

— ¡Es que nosotros queremos saber cómo termina!

— ¿Consiguió cruzar las líneas?

— ¿Y Hans? ¿Qué pasó con Hans?

— Veo que no voy a librarme de vosotros muy pronto —se resignó el Maestro con una sonrisa bondadosa—. Pero hay mucha gente ahí fuera esperando verme.

— Recíbalos, pues —respondió el jovencísimo aunque no tímido representante de los alumnos de bachillerato de la escuela Giuseppe Verdi—. Nosotros podemos esperar.

— ¿Qué os parece si venís a mi casa a escuchar el resto de la aventura? Allí tengo grabaciones que podrán documentar mejor los hechos.

— ¡Nosotros también deseamos ser invitados! —protestó uno de los verdaderos periodistas—. ¡La historia nos interesa también a nosotros!

— ¿Por qué no? Claro, están todos invitados. Pero ahora, les ruego que me dejen. Nos veremos a la salida del teatro dentro de media hora.

Cuando el secretario volvió a abrir la puerta del camerino, irrumpió en él la acostumbrada multitud exaltada de admiradores:

— ¡Enhorabuena, Maestro! ¡Magnífico! ¡Sublime! —parecían competir por enunciar los adjetivos más entusiastas del vocabulario.

— Se lo ruego, Maestro, un autógrafo.

Los periodistas tuvieron que trabajar arduamente para salir del camerino pasando entre la muchedumbre de hombres vestidos de negro y de señoras en traje de noche.

El agolpamiento de gente se repitió más tarde, en la puerta lateral del teatro reservada a los artistas, literalmente asediada por aquéllos que no tenían credenciales suficientes para ser admitidos en el camerino, pero no querían renunciar a ver de cerca al célebre músico.

Estalló un aplauso clamoroso cuando el director de orquesta apareció en la calle, rodeado y protegido por sus amigos más íntimos y por los periodistas.

— Un autógrafo... —docenas de manos tendieron una fotografía o un cuadernillo.

— ¡Bravo! ¡Bravo!

— ¡Gracias señores, pero se lo ruego, déjenme pasar!

— ¡Abran paso! —exclamó Alberti, el secretario. — El Maestro está cansado. Se lo ruego...

El griterío se hizo más imperioso:

— ¡Un autógrafo!

El músico tuvo que resignarse: estrechó docenas de manos sin tener tiempo siquiera de ver a quién pertenecían, y repitió docenas de veces su firma. Poco a poco el secretario y los otros lograron abrirle paso hacia el lujoso automóvil, en el que entró suspirando con alivio:

— ¡Lo he conseguido una vez más!

— ¡Nunca habría creído —comentó uno de los dos enviados del *Calabrone*, que ya estaban dentro del coche— que un director de orquesta pudiera ser casi tan popular como un futbolista!

— ¡No exageremos! —sonrió el músico—. No pretendo tanto.

— ¡Sin embargo esa gente, dentro y fuera del teatro, estaba literalmente enloquecida!

— No por mí, sino por la música que ha oído. Bien, a casa a toda prisa —ordenó al chófer—. Las peleas que me veo obligado a sostener después de los conciertos son más agotadoras aún que la ejecución.

El coche avanzó en silencio por las calles de la ciudad y llegó al elegante palacio del siglo XVII donde se hospedaba el director de orquesta. Detrás de él se detuvieron, junto a la acera, los automóviles de los otros periodistas.

Un portero con galones abrió inmediatamente el portón, dejando ver un magnífico vestíbulo de precioso mármol de colores, iluminado por lámparas de maravilloso cristal.

— ¡Ey! Parece un castillo de fábula —exclamó uno de los dos muchachos, el pelirrojo.

— Calla, ¿qué van a pensar de nosotros? —le dijo el rubito—. Parece como si nunca hubieras visto nada.

— Es que un sitio como éste...

— ¡Ven!

Los enviados especiales del *Calabrone* se encaminaron junto a los más cualificados periodistas detrás del Maestro, más intimidados de lo que querían aparentar por el esplendor del lugar. Entraron en un enorme salón lleno de sofás de estilo. Una pared estaba totalmente ocupada por la librería; en las otras paredes se observaban cuadros maravillosos, antiguos y modernos, que, de algún modo, lograban dar a la biblioteca una sensación de recogimiento e intimidad. Entre todas esas cosas preciosas destacaba un piano de cola.

— ¡Una casa magnífica, Maestro! —dijo uno de los periodistas.

— ¿Usted cree?... A mí no me agrada tanto lujo. Poseo otras tres casas como ésta, en París, Londres y Nueva York, ya que mis *tournées* me obligan a permanecer en el extranjero largas temporadas y no me gusta vivir en hoteles; pero son casas "en apariencia". Mi verdadero nido, adonde deseo retirarme cuando tengo unos días libres, es una vieja casita en la campiña umbra. Sólo allí me siento realmente a gusto.

Mientras los invitados agotaban los oportunos agasajos y se acomodaban en los sofás alrededor del Maestro, un camarero correctísimo sirvió un piscolabis. Volvió a reinar el silencio... Después, del pequeño grupo surgió una voz en la que se apreciaba claramente una mezcla de temor y de curiosidad:

— ¿Y bien, Maestro?

Era el rubito del *Calabrone* quien había roto el hielo.

— Un poco de paciencia —le respondió el músico con una sonrisa afable—. La continuación de la aventura conviene que os la narre la historia misma, la "Historia" con mayúsculas.

— ¿Qué tiene que ver la Historia?

— Pronto lo comprenderéis. No podríais entender el verdadero significado de todo lo que sucedió después de mi concierto del 43, sin revivir vosotros mismos esos días trágicos y heroicos.

— ¿Cómo es posible? ¡Haría falta una "máquina del tiempo"!

— ¡Todo es posible con la técnica actual, queridos muchachos! Esperad...

El Maestro se levantó y fue a buscar algo a una

estantería. Volvió a su sitio llevando una cajita metálica, un pequeño cofre. Lo abrió y mostró su contenido: una docena de cintas magnetofónicas.

— Mis recuerdos más queridos —explicó—. Tengo grabados los sonidos de los momentos más bellos de mi vida. Algunos los grabé yo mismo, otros son copias de auténticas "piezas" de archivo que pude obtener gracias a mis numerosas amistades... En fin, aquí está todo, o casi todo. El concierto que di en la Scala de Milán, inmediatamente después de la Liberación; los aplausos de mi triunfo en el Metropolitan, el mejor teatro de Nueva York; las voces de Toscanini y de los otros grandes músicos que tuve el honor de conocer, y de muchos personajes a los que admiro... Todas las grabaciones me traen recuerdos de sentimientos y emociones que quiero tener la seguridad de no olvidar nunca.

Mientras hablaba, sacó una cinta del cofre y la introdujo en la grabadora.

— También contienen recuerdos muy distintos... recuerdos de los momentos más trágicos de mi vida, como éste...

Apretó un botón y del aparato salieron las primeras notas de la Quinta Sinfonía de Beethoven.

— Era la sintonía de Radio Londres —explicó—. Los más ancianos de ustedes la recordarán con toda seguridad. ¡Cuántas veces, por la noche, nos pondríamos a la escucha, en secreto en nuestras casas, para intentar recibir la voz de Londres, para conocer también la otra "versión", una lluvia de verdad entre las fanfarronadas de la propaganda nazifascista!

— ¡Millones de italianos —asintió uno de los periodistas— esperaban de Radio Londres el anuncio del final de la guerra y de la libertad!

Tras la sintonía lúgubre y amenazante se oyó la voz solemne de un locutor:

Aquí Radio Londres repitiendo el mensaje dirigido a los italianos por el presidente Roosevelt y por el Primer Ministro Churchill... "Italianos, para vosotros la única esperanza de supervivencia está en una honrosa capitulación a la fuerza arrolladora de las Naciones Unidas. Si continuáis tolerando el régimen fascista, al servicio del poder maléfico de los nazis, tendréis que sufrir las consecuencias de vuestra propia elección..."

— Cuando oí este amenazador mensaje —precisó el director de orquesta— yo me encontraba en Roma...

— ¿Había logrado cruzar la frontera? —preguntó el rubito.

— Sí. No fue difícil gracias al providencial vehículo militar que me consiguió Wilhelm. En el teatro estalló un pequeño escándalo cuando se dieron cuenta de que yo no estaba en el camerino, pero en ese momento nadie pensó seriamente en mi fuga. Creyeron que me había vuelto al hotel, escapando por una salida de emergencia, y hasta el día siguiente no empezaron a preguntarse adónde había podido ir. Yo estaba ya al otro lado de Brenner, en mi patria.

— Fuera de peligro, en definitiva —cometó el pelirrojo.

— No del todo: en Italia se hallaba la policía fascista

que no era menos temible para un fugitivo que la nazi; pero en el Véneto, en Emilia, en Toscana, en las campiñas y en los montes no faltaba la gente bondadosa dispuesta a ayudar a quien lo necesitara, antifascistas perseguidos, hebreos o prisioneros angloamericanos huidos de los campos de concentración. De un modo u otro, finalmente conseguí llegar a Roma.

— ¿Por qué se detuvo ahí? Había dicho que quería ir a Sicilia.

— No era una empresa tan fácil como yo pensaba. En Roma encontré muchos amigos que me dieron cobijo a la espera de que se me presentase la ocasión de reemprender el viaje; ¡pero la ocasión no se presentó jamás! El mismo día que Radio Londres transmitió el mensaje que acabáis de escuchar, Roma fue bombardeada por segunda vez. Yo vi con mis propios ojos manchada de sangre la túnica blanca del papa Pio XII, que inmediatamente después del ataque aéreo se había dirigido a los barrios romanos afectados por las bombas a rezar por la paz entre los escombros. Oí, entre el estruendo espantoso de las bombas, los gritos de los heridos y mutilados; oí, entre las sirenas de las ambulancias, el llanto angustiado de un niño y las palabras con que la madre se esforzaba en consolarle: "¡Calla ya, hijito mío, no llores! ¡No tengas miedo, se pasará también esto! ¡No comemos, no dormimos, no vivimos... Bombardean también Roma! ¡Si al menos llegasen pronto los americanos para acabar con estos fascistas y con sus cómplices alemanes!"

— ¡Al menos con los fascistas, —intervino un periodista, uno de los más ancianos— acabamos realmente!

— Sí, pero... ¡Escuchad! —el músico volvió a poner en marcha la grabadora.

Esta vez salieron del aparato las notas arrogantes y grotescamente marciales de la *Marcha real* ; después, entre crujidos, pitidos e interferencias, se oyó la voz nasal del locutor, en un tono tan feroz y solemne que parecía estar fuera de lugar:

Su Majestad el Rey y Emperador ha aceptado en el día de hoy, 25 de julio, la dimisión de sus cargos de Jefe del Gobierno y Primer Ministro secretario del Estado, presentada por su Excelencia el caballero Benito Mussolini, nombrando Jefe del Gobierno y Primer Ministro secretario del Estado a Su Excelencia el caballero Mariscal de Italia Pietro Badoglio...

— ¡Qué alborozo popular aquella noche, qué irracional alegría! —atestiguó el anciano periodista—. La gente salió a la calle enloquecida, derribando y haciendo añicos las estatuas de Mussolini, destrozando a golpes de azada los emblemas fascistas esculpidos en los palacios y cualquier recuerdo del "régimen". Todos se ilusionaron pensando que había vuelto la paz. Nadie creyó en la afirmación de la proclama de Badoglio: la guerra continúa...

— Como comentó un periódico suizo —subrayó un colega suyo con cierta amargura—, los italianos, que buscaban la libertad, sólo encontraron la dictadura militar. Los periódicos fueron más claros que los comunicados y en los titulares se leía, en grandes caracteres, que el de Badaglio era un "gobierno militar con plenos poderes".

— De todos modos —volvió a hablar el músico haciendo avanzar la cinta de la grabadora hasta un nuevo documento sonoro—, la guerra sólo duró cuarenta y cinco días más. El 8 de septiembre, a media tarde, en Radio Londres volvió a sonar el lúgubre tamtam de las trasmisiones de propaganda para Italia; pero se trataba de un simple anuncio, aunque bastante electrizante:

Italianos, permaneced a la escucha. Vamos a transmitir un comunicado de excepcional importancia. Italianos, permaneced a la escucha...

— ¿Cuál fue el comunicado? —preguntó el rubito con curiosidad.

— Ahora lo oiréis. Fue trasmitido a las diecisiete y cuarenta y cinco de ese fatídico 8 de septiembre de 1943, y era una declaración hecha en Argel por el general Ike Eisenhower, comandante en jefe de las tropas angloamericanas en África y en Sicilia. Esta que vais a oír es su voz.

— ¡No entiendo nada: habla en inglés! —exclamó el pelirrojo, contrariado.

— Espera: a continuación está la traducción...

El gobierno italiano se ha rendido sin condiciones. Como comandante en jefe de los Aliados he concedido un armisticio militar cuyas cláusulas han sido aprobadas por los gobiernos del Reino Unido, Estados Unidos y la Unión de Repúblicas Soviéticas. He actuado así en representación de las Naciones Aliadas. El gobierno italiano se ha comprometido a ser fiel a estas cláusulas sin reservas. El armisticio ha sido firmado por mi delegado y por el delegado del mariscal Badoglio y entra en vigor desde este instante. Las hostilidades entre las fuerzas armadas de las naciones aliadas y las italianas cesan inmediatamente. Todos los italianos que deseen ayudarnos a expulsar al invasor alemán del territorio italiano recibirán la asistencia y el apoyo de las Naciones Aliadas.

— ¿Pero cómo? —se asombró el rubito—. ¿Dieron el anuncio los americanos y no nuestro gobierno?

— Hubo todo un manejo que sería imposible resumir en pocas palabras —explicó el primer periodista—. Badoglio había solicitado un desembarco de paracaidistas en los alrededores de Roma para proteger de los alemanes la capital y al rey; por eso retrasaba el anuncio con la esperanza de que sus representantes en Argel lograsen convencer a los americanos. ¡Pero no tuvo en cuenta que ya había firmado una rendición sin condiciones! Así Eisenhower, para cortar la cabeza al toro, dio él mismo el anuncio.

— Nosotros recibimos el anuncio dos horas después, a las ocho menos cuarto —el directo de orquesta hizo sonar otra parte de la grabación—, del propio Badoglio...

De la grabadora salió una voz con un marcado acento piamontés:

El Gobierno italiano, ante la imposibilidad de continuar la desigual batalla contra la superpotencia adversaria, y en el intento de evitar ulteriores y más graves calamidades a la Nación, ha solicitado un armisticio al general Eisenhower, comandante en jefe de las Fuerzas Aliadas angloamericanas. La solicitud ha sido aceptada. En consecuencia, deben cesar los actos de hos-

tilidad contra las Fuerzas angloamericanas por parte de las Fuerzas italianas. Éstas últimas, sin embargo, reaccionarán contra eventuales ataques de cualquier procedencia.

— Quería decir de los alemanes; —recalcó el segundo periodista— y la guerra, que ya había estallado tras la ocupación de Sicilia y la entrada de los aliados en Calabria, se convirtió en guerra civil: demócratas contra fascistas, monárquicos contra "republicanos", proamericanos contra proalemanes, gente del sur liberado por los aliados contra gente del norte ocupado por los alemanes.

— Badoglio, cuando fue transmitido su comunicado grabado en un disco —explicó el primer periodista—, ya había abandonado Roma con el rey y todo el Mando supremo para ponerse bajo la protección de los Aliados, en Bari.

— En Roma, mientras tanto, irrumpía ya la tercera división motorizada del mariscal Kesselring, que Hitler había reservado precisamente para esta eventualidad.

— Y esta vez —dijo el director de orquesta aprovechando una pausa de la grabación y agitando tristemente la cabeza— las ilusiones de los italianos duraron tres días. Escuchad esta otra grabación: es del 11 de septiembre.

La voz grabada en la cinta era áspera, con un inconfundible acento teutónico:

Lectura de la orden cursada en el día de hoy, 11 de septiembre, por el mariscal Kesselring:

"Declaro territorio de guerra al territorio de Italia, sometido a mí. En él son válidas las leyes

de guerra alemanas..."

— Poco después —recordó el Maestro— Mussolini, que había sido arrestado por orden del rey y mantenido en prisión en un lugar secreto del Gran Sasso, fue liberado por los alemanes con una arriesgadísima intervención de los paracaidistas; y en seguida fue reconstituido el partido fascista, es más, la "República Social Italiana", coartada para encubrir la supercheria de los alemanes, que actuaban no ya como aliados, sino como ocupantes militares. Entretanto, los angloamericanos seguían avanzando desde el sur, y ya no sólo desde el sur. Escuchad este otro comunicado...

Al amanecer de ayer, 22 de enero de 1944, las divisiones angloamericanas del general Alexander han desembarcado en Ancio. Las tropas de la Quinta Armada han penetrado en el cerco defensivo alemán puesto alrededor de Roma y se aproximan al primer objetivo... ¡Atención! ¡Atención! Trasmitimos algunos mensajes especiales para las fuerzas partisanas. La noche es larga... Repito: la noche es larga... El gato tiene dos colas... Las manzanas son amarillas...

— Una ilusión más —suspiró el director de orquesta—. Creímos que los aliados podrían liberar Roma fácilmente, en pocos días; en cambio... Entonces consideré que ya me había ilusionado demasiadas veces y había perdido demasiado tiempo... y decidí llevar a cabo sin más demora mi plan original.

— ¿Cruzó las líneas? —preguntó el rubito.

— Sí. Fue una aventura que os interesará, en medio de los bombardeos y las batallas más furibundas...

9 El paso del frente

LA muralla de la abadía de Montecassino, medio derruida ya por lo cañonazos, se elevaba con todo su peso sobre las últimas crestas rocosas del Apenino marquesano. Por el otro lado, a los pies del invisible cantil, se abría el atormentado valle del Rápido. Al fondo se hallaba Cassino, y en Cassino estaban ya los Aliados.

El joven tardó tres semanas en llegar hasta allí, tras una durísima marcha primero a través de la llanura pontina invadida de *Panzer* que acudían a impedir la entrada de los americanos en Ancio, y después por las peligrosas gargantas del Apenino.

No estaba solo: en Roma se había unido a un oficial que, después del 8 de septiembre, había decidido continuar su guerra en las filas de la Resistencia (sólo sabía que se llamaba Carlo, y quizá no fuese siquiera su verdadero nombre) y que había recibido el encargo de llevar a Nápoles, a los integrantes del Comité de Liberación, un mensaje que evidentemente debía ser de la máxima importancia.

Durante el día permanecían escondidos, siempre con el terror de ser descubiertos por una patrulla alemana o hasta por un campesino: los que ayudaban a los prófugos antifascistas eran fusilados inmediatamente; de ahí que el terror a los pelotones de ejecución o a la deportación a los *Lager* convirtiera a un compatriota en un enemigo o en un espía. ¡No se podía confiar en nadie: cualquiera podía ser un enemigo! Solamente de noche se arriesgaban a reemprender la marcha, pero desafiando al destino a cada paso incluso entonces.

Habían vagado al azar, guiándose únicamente por las estrellas, siempre en dirección al sur; se alimentaban de raíces, frutos silvestres y de lo poquísimo que habían podido robar en los campos abandonados, sin atreverse a encender un fuego, ni siquiera cuando el frío era más intenso. Finalmente llegaron a la "línea Gustav", las poderosas fortificaciones construidas por los alemanes para defender el acceso a Roma. En las montañas habían sido excavadas grutas y construidas casamatas; en todos los huecos entre las rocas, en todos los barrancos se encontraba un nido de ametralladoras y morteros; entre los senderos y los bosquecillos había sido tendida una red de cables que al mínimo contacto provocaba la explosión de una mina. Estaban ya a poco más de un kilómetro de los puestos de avanzada americanos, pero era un kilómetro tan largo y difícil como el camino de la esperanza.

En medio de la grieta rocosa en la que se resguardaban, los dos hombres estaban como hipnotizados por el monasterio, del cual no lograban apartar la mirada. Hasta las montañas parecían lamentarse con los cañonazos, cuyo resplandor iluminaba los olivos retorcidos que habían arraigado en las laderas. Allí se combatía desde hacía veintiséis días.

— Bastan pocos cañones emplazados allí arriba para tener a raya a divisiones enteras —observó Carlo.

El espectáculo apocalíptico que dejó ver durante un instante un resplandor más intenso tiñó las montañas de un rojo siniestro y las hizo enmudecer.

— ¿Qué hacemos? —murmuró el músico, desconcertado—. No podemos cruzar las líneas en pleno furor de la batalla.

— ¿Por qué no? Cuanto mayor sea la confusión, más probabilidades tendremos de pasar inadvertidos.

— ¡Llueven por doquier cascotes de granada y proyectiles!

— ¿Tienes miedo a la muerte?

— Sí —confesó el director de orquesta.

— Yo también. ¡Un miedo atroz! —no vaciló en admitir el otro—. Pero no puede esperar. El mensaje que me han confiado ha de llegar a Nápoles lo antes posible.

— Si vas tú, yo también iré.

— Partiremos mañana por la mañana.

— ¿Vamos a pasar de día?

— En la situación que estamos, tenemos que arriesgarlo todo. De noche o de día, en primera línea no hay ninguna diferencia. ¡Los centinelas vigilan también de noche!

— De día será más arriesgado.

— La luz nos favorece también a nosotros. Podemos ver adónde vamos y quién nos amenaza.

Ahora intentemos dormir: mañana necesitaremos toda nuestra energía.

Se tumbaron sobre el duro suelo de piedras y musgo esperando encontrar la postura más cómoda y permanecieron inmóviles, en silencio. Pero era imposible dormir con los estallidos de las granadas taladrándoles el cerebro, entre el fuego incesante de las explosiones y el resplandor de las pistolas-cohete que daban a la abrupta montaña un aspecto más siniestro aún.

— Los alemanes de las primeras líneas están a trescientos metros de nosotros —dijo Carlo— y los Aliados a seiscientos o setecientos.

— ¿Cómo puedes afirmarlo? Yo no veo nada.

— Yo tampoco, pero lo intuyo por la trayectoria de los proyectiles. Esto es música también... Después de tantos años de guerra, he aprendido a interpretarla como tú haces con las notas.

— ¡No es una música bonita!

Pero al amanecer parecía haber cesado todo. La montaña, a primera vista, se mostraba desierta, inmóvil, silenciosa. Sólo fijando bien la vista, se lograba descubrir el hormiguero verde-grisáceo de los batallones alemanes al acecho en las trincheras, o el color caqui de las divisiones aliadas, paralizadas en las escarpaduras impracticables de la Cabeza de Sierpe, la posición clave por cuyo dominio se combatía ya desde hacía cuatro semanas. Pero esa mañana callaron los cañones: sólo a veces se oía el ruido sordo de un mortero.

El músico se arrastraba al lado de su compañero

y, metro a metro, los dos se iban acercando a las primeras líneas.

— ¡Abajo! —con un empujón repentino Carlo tiró al suelo a su compañero. Además de una cresta rocosa, a un centenar de metros había aparecido un casco. El observador alemán enfocó los prismáticos precisamente hacia el punto en que se hallaban los dos hombres, inmóviles, a los que el corazón parecía latirles en la garganta. Permanecieron ahí, aplastados contra las piedras, hasta que los prismáticos giraron hacia otro punto.

— ¡Rápido!

Arrastrándose con el vientre lo más deprisa que podían, superaron el tramo descubierto y llegaron a un peñasco donde se resguardaron.

— Nos ha ido increíblemente bien —murmuró el músico secándose con la manga el sudor frío que le caía por la frente.

— Lo importante es que hemos ganado un poco más de terreno.

— ¡Apenas unos metros!

— Un metro tras otro y llegaremos. Ya estamos casi en el ribazo. Detrás de esa cresta comienza la escarpadura. Pero ahora tenemos que cruzar la primera línea alemana. Ven.

Arrastrándose como serpientes, escrutando con atención el terreno a su alrededor antes de hacer el más mínimo movimiento hasta tener la certeza de no ser espiados, y aprovechando cualquier refugio que la naturaleza salvaje les ofrecía, llegaron finalmente al borde de la escarpa.

— ¡Mira! —Carlo apuntó el índice hacia el fondo del valle peñascoso—. Allí están los Aliados.

— ¡Dios mío, qué lejos están todavía! —exclamó el Maestro con una turbación repentina.

— No debemos desanimarnos —le exhortó el compañero, consultando el reloj—. Son las nueve y cuarto. Antes de que se haga de noche estaremos con los Aliados.

— ¡Si no nos dejan secos antes!

— De un modo o de otro, estaremos fuera de este infierno.

Con infinita cautela el oficial se asomó por un lateral del peñasco para observar y grabarse bien en la memoria cada palmo del terreno que habían de atravesar; después siguieron arrastrándose hasta un surco de erosión. Habían avanzado pocos metros cuando el cielo de color azul turquesa se llenó de un estruendo ensordecedor. Al levantar los ojos descubrieron miles de puntitos plateados que volaban en formación.

— ¡Son "Fuertes Volantes", los bombarderos pesados americanos! —dijo el oficial—. Van a bombardear las vías de comunicación del norte, como todos los días.

En el mismo instante un aluvión de fragmentos de roca pasó casi rozando sus cabezas. Entre las explosiones terribles, la polvareda y el humo que empezaban a envolver toda la montaña, el director de orquesta vio derrumbarse la cúpula de la abadía, en la que fue a hacer blanco una bomba destructora.

— ¡Bombardean Montecassino!

El músico quedó un instante paralizado por la incredulidad, luego se tiró instintivamente a un hoyo; Carlo, en cambio, le cogió de un brazo y lo sacó casi en volandas.

— ¡Vamos, éste es el momento de cruzar! —gritó el oficial para que su voz se oyera por encima de los espantosos estallidos que retumbaban a su alrededor.

— ¿En medio de este huracán de proyectiles y fuego?

— ¡Los alemanes están demasiado ocupados en defenderse como para fijarse en nosotros! ¡Vamos!

Los "Fuertes Volantes" pasaban sobre la abadía a oleadas, sin tregua, y lanzaban toneladas de explosivo. La meseta que rodeaba al monasterio estaba ya devastada, pero las bombas habían mellado apenas las murallas titánicas. Ráfagas de fuego y de piedras arrancadas, altas columnas de humo negro y nubes de polvo salpicaban la escarpadura hasta los puestos de avanzada aliados; la montaña parecía estar sacudida por un interminable terremoto, y los golpes de aire arrancaban de cuajo y lanzaban a gran distancia las ramas secas de los olivos.

Los dos, decididos a alcanzar su objetivo, ignoraron el bombardeo, desafiaron la lluvia de proyectiles y no sintieron los turbulentos desplazamientos de aire que los aplastaban contra la tierra ni el zumbido inhumano que llenaba el mundo y sus cerebros. Arrastrándose con movimientos rápidos y frenéticos de una guarida a otra, llegaron finalmente al surco. Iban a introducirse en él cuando una ráfaga de ametralladora fue a dar contra la roca, justo por encima de ellos.

— ¡Nos han descubierto! ¡A tierra!

Los proyectiles los perseguían con una furia mortal, trazando cada vez más cerca de ellos líneas de pequeños pero furibundos estallidos de grava y roca. Estaban a tiro de una ametralladora pesada, bloqueados dentro de un hoyo de unos treinta centímetros de profundidad, bajo un techo de proyectiles rabiosos que les habrían fulminado en el momento de incorporarse.

— ¡Permanece agachado!

Duró pocos segundos que parecieron milenios, eras. Después se acalló el chisporroteo de la ametralladora, tan de repente como había empezado; pero los dos permanecieron inmóviles, paralizados por el terror. Al cabo de unos minutos el oficial alzó con cautela la cabeza. Donde antes estaba el nido de ametralladoras, ahora se elevaba una nube de humo negro que el viento empezaba a disipar. ¡Los alemanes habían sido barridos por una bomba!

— ¡Vámonos!

Superaron de un salto, con la fuerza que da la desesperación, los últimos metros que los separaban del surco de erosión y se tiraron a él. La grava mitigó el golpe y les hizo rodar un buen trecho... Se encontraron uno encima del otro, pálidos y jadeantes, arañados y contusionados.

— ¡Si no llega a ser por esa bomba providencial, nunca habríamos escapado de esa maldita ametralladora!

— Nuestra buena estrella nos acompañará hasta

el final —el músico también había recuperado la esperanza—... ¡Vámonos!

Cuando llegaron al fondo del surco era mediodía. Los "Fuertes Volantes" se estaban retirando.

— El bombardeo ha terminado...

Alzaron la vista hacia la cima de la montaña. El viento estaba desintegrando el nubarrón negro y, entre la sombra turbulenta, los dos entrevieron la abadía... lo que quedaba de ella. La muralla de cuarenta y cinco metros de altura era un círculo de escombros que no se elevaba más de tres o cuatro metros. El músico y el oficial, espantados, no encontraron palabras para expresar su estupor.

Pero no había terminado todo aún. De las crestas de los Apeninos surgió una nueva bandada de bombarderos de poca envergadura. En varios puntos se vieron llamaradas resplandecientes, como si un gigante hubiese encendido monstruosas cerillas rascándolas contra la ladera de la montaña; luego una columna de ciento cincuenta metros de altura se elevó al cielo. Quedó sobre el monasterio durante cinco minutos hasta que se fue afilando poco a poco; después se aclaró hasta desvanecerse. Volvió a aparecer la abadía: su silueta había cambiado de nuevo y hasta el perfil de escombros había sido aplanado por las bombas.

— ¡Dios mío! ¡Dios mío! —gimió el director de orquesta, enmudecido por el espectáculo trágico, apocalíptico.

La tregua duró pocos instantes. Nada más desaparecer los bombarderos detrás de las montañas,

del fondo de la escarpadura partió un huracán de granadas, bombas de mortero...

— ¡Los Aliados atacan!

Instantáneamente, desde la cima de la montaña, desde las ruinas de la abadía, respondió un huracán similar de artillería. El cielo se llenó de estampidos y silbidos; el humo y el polvo lo oscurecieron.

— ¡Vamos! ¡No podemos quedarnos aquí en medio! —Carlo se lanzó a la carrera hacia el pedregal.

El director de orquesta no podía recordar con claridad lo que ocurrió después. Fue peor que una pesadilla, hasta el momento en que, entre la polvareda, se paró ante él un gigante con barba vestido de uniforme de color caqui y con el cabello negro muy largo asomándole por debajo del turbante... un *gurkha*, un soldado de la Cuarta División India, que lo levantó en volandas con sus robustos brazos antes de que cayese.

El músico se despertó en una tienda del hospital de campaña, entre indios, neozelandeses, polacos, franceses y negros que se lamentaban en el esperanto del dolor. En el catre contiguo vio a Carlo, con la cabeza vendada y un brazo en cabestrillo.

— No ha sido nada —el oficial le dirigió una sonrisa alentadora—. La metralla me ha dado de refilón.

— A mí me duele mucho una pierna.

— Sí, tienes una buena fractura, pero el médico ha dicho que te repondrás en pocas semanas.

— ¿Dónde estamos?

— No lo sé con exactitud. A unos pocos kilómetros al sur de Cassino.

— ¿Y la abadía? ¿La han conquistado los Aliados?

— No, la batalla ha terminado mal. Los alemanes han tenido tiempo de transformar cada montón de escombros en un fortín. Los Aliados han tenido que retirarse.

— Entonces, todo ha sido inútil —consideró el músico pensando en el monasterio destruido.

— De todos modos los alemanes no podrán resistir mucho tiempo. Los Aliados liberarán toda Italia y nosotros los ayudaremos.

Vino un enfermero con una enorme jeringuilla en la mano y destapó al músico sin demasiados miramientos.

— ¿Qué es eso?

— Un somnífero. Te hará dormir unas horas.

— ¡No lo necesito!

— Estamos evacuando y vamos a llevarte a Nápoles. Con una pierna rota no soportarías el dolor que te provocarían los botes que va a dar el vehículo por estas carreteras de montaña.

— ¡No necesito el somnífero! Y no...

— ¡Pórtate bien, paisano! —el enfermero clavó la aguja en la carne—. Ahora túmbate y estáte tranquilo. Dentro de dos minutos dormirás como un bebé.

— ¿Y a él? —preguntó el músico señalando al compañero tendido al lado— ¿Le trasladeréis también a Nápoles?

— No, en el hospital no hay sitio para todos y sus heridas no son graves. Él será trasladado a otro hospital de campaña.

— Adiós, Carlo —murmuró el Maestro sintiendo ya los efectos del somífero en su cabeza—. Quién sabe si nos volveremos a ver algún día...

— ¡Eso seguro! ¡Claro que nos volveremos a ver!

— Hasta la vista, Carlo... hasta la vista...

Le embargó de golpe el sueño mientras alargaba la mano hacia el compañero para estrechar la suya.

10 El león está a punto de rugir

LOS periódicos que publicaban el clamoroso anuncio oficial estaban tirados en una esquina; no se fijaba en ellos ninguno de los hombres reunidos en el comedor de la modesta pensión, por cuyas ventanas se veía sobresalir de los tejados la cima del Vesubio.

Vittorio Emanuele III ha anunciado su decisión de retirarse, nombrando Lugarteniente General a su hijo el Príncipe de Piamonte. Dicho nombramiento se hará efectivo el mismo día en que las tropas aliadas entren en Roma...

Ese día se había iniciado para Italia un nuevo período. En Nápoles, los representantes de los seis partidos que formaban el Comité de Liberación habían comenzado las negociaciones para la formación de un nuevo gobierno democrático. El camino hacia la libertad y la democracia no era ciertamente corto ni fácil, pero, por lo menos, se habían dado ya los primeros pasos con una conciencia responsable.

Los huéspedes de la pensión habían discutido ya mucho sobre el significado de la noticia histórica que aparecía en las primeras páginas de los periódicos, y no tenían más que decir. Sólo se podía esperar, y comprometerse cada uno por su cuenta y todos juntos, para hacer real esa esperanza.

Carlo había elegido ya su camino. Se había enrolado voluntario en el Cuerpo Italiano de Liberación y, vestido de nuevo con uniforme, estaba a punto de marchar al frente donde había sido destinada su compañía. Aquella noche, la fiesta improvisada en la pensión napolitana en que se hospedaban hombres de todas partes de Italia, pretendía ser precisamente una despedida, pero sin afectación ni sentimentalismos.

— ¡Buen trabajo, Carlo! —el director de orquesta se despidió con sencillez del oficial, al que le había unido el destino en esos dramáticos meses.

— ¡Sí, realmente tenemos todos mucho trabajo que hacer! ¿Tú qué harás?

— Yo también he solicitado alistarme, pero he sido rechazado. El Cuerpo de Liberación que nos permiten formar los Aliados es aún una unidad minúscula. No hay cabida para todos.

— Efectivamente, sólo aceptan a quien ya ha prestado servicio en el ejército.

— Yo jamás he empuñado un fusil. Mi arma siempre ha sido la batuta.

— ¡Yo no la llamaría precisamente un arma! —sonrió Carlo.

— ¡Puede llegar a serlo, y más eficaz que otras! —afirmó el director de orquesta—. Quizá, entre tantas noticias clamorosas, se te haya escapado un articulito publicado hoy...

El músico buscó un periódico, lo dobló para poner

en evidencia el breve artículo que le interesaba y se lo dio a Carlo para que lo leyera:

El Maestro Arturo Toscanini dirigirá próximamente un gran concierto en el Carnegie Hall de Nueva York. La recaudación se destinará íntegramente a la adquisición de armas y material bélico para los valerosos partisanos que combaten en el norte de Italia...

— ¿Eso es lo que pretendes hacer? —el oficial comprendió en seguida y asintió complacido.

— Sí. Hasta un simple músico como yo puede contribuir a la liberación. Yo también recaudaré fondos con mis conciertos... aquí en Nápoles, en Roma cuando sea liberada... y después en Florencia, Bolonia, Milán...

El sueño del director de orquesta no tardó mucho en realizarse. El 9 de junio, cinco días después de la liberación de la capital, cuando ya había comenzado el desembarco de Normadía, el joven Maestro dio su tan esperado concierto en la Basílica de Majencio. Fue todo un triunfo, aunque resultó difícil establecer dónde terminaban las emociones suscitadas por la música y dónde comenzaban las provocadas por los sentimientos patrióticos. Entre los aplausos y las ovaciones se oía el grito más antiguo y significativo:

— ¡Viva Italia! ¡Viva la Italia libre!

Y, no casualmente, la gran orquesta respondió a las frenéticas peticiones de bis entonando el célebre y patriótico coro de Verdi de *Lombardi alla prima crociata* (Lombardos en la primera cruzada):

— *O Signore, dal tetto natio* (Oh Señor, desde el

techo natal)... —retumbaron las voces en todo el patio de butacas, vibrantes de entusiasmo y de emoción.

Una vez más, al final del concierto, un pequeño grupo de admiradores rodeó al joven director. Un oficial americano se abrió paso a empujones:

— *¡Okay, paisá, okay!* —gritó, llevándose el puro de un lado a otro de la boca—. ¡Magnífico concierto! ¡Tú grandísimo director! Tú venir a América conmigo: yo gran empresario. ¡Nosotros firmar inmediatamente contrato!

— Gracias, coronel, no puedo —respondió con sequedad el Maestro.

— ¿No? ¿Por qué tú no poder?

— Tengo otros compromisos en Italia: Florencia, Milán...

— ¡Pero allí están los alemanes y los "republicanos"!

— Por eso precisamente: no abandonaré Italia hasta que esté toda liberada. Hay gente, más allá de las líneas, a quien le sirve mi música...

El concierto se repitió cuatro días más tarde y, mientras los soldados aliados y los apasionados romanos empezaban a atestar la Basílica de Majencio, en los montes de Valsesia un público muy distinto —hombres y jóvenes sin afeitar y magullados, con las armas en bandolera— se reunían en un refugio solitario.

— ¿Todo listo, Bill?

— Sí, jefe. Pino y los otros están haciendo guardia a los pies del monte.

— Bien, muchachos: entrad todos. Enciende la radio, Bill.

El receptor, lanzado con paracaídas desde un avión americano, no tardó en sintonizar la longitud de onda en la que transmitía Radio Italia Libre. La voz del locutor salió de la radio con timidez:

Transmitimos algunos mensajes especiales: las margaritas son amarillas... El león está a punto de rugir... Repetimos: el león está a punto de rugir...

— ¿Has oído, jefe? ¡El mensaje que esperábamos!

— Sí, Bill. Nos han dado la orden de atacar.

— Estamos preparados.

Cuando terminaron los mensajes especiales, el locutor cambió de tono:

Conectamos con la Basílica de Majencio, en Roma, para transmitir un concierto sinfónico organizado a favor de las formaciones del Cuerpo de Voluntarios de la Libertad...

— ¡Como si nos sirviera de algo la música! —gruñó Bill, con una expresión de intolerancia.

— Pero sí nos servirán las municiones y las medicinas que nos tirarán con paracaídas dentro de unos días... y va a ser precisamente esa música la que nos las envíe. ¡Escuchad, muchachos: esta música es también la voz de la patria!

* * *

El anciano y famoso director de orquesta giró el botón de la grabadora y la música exaltante pasó a ser un sonido de fondo.

— Este era mi primer concierto en Milán —advirtió conmovido.

— ¿En la Scala? —preguntó el rubito.

— No, la Scala estaba destruida. ¡Medio Milán estaba destruido! Tuve que dar el concierto en el patio del Castillo Sforzesco, al aire libre...

— Si mal no recuerdo —intervino uno de los periodistas— tuvo lugar en los primerísimos días de la liberación.

— En efecto. Milán acababa de superar la pesadilla de la ocupación nazi y de los bombardeos. La ciudad estaba semidestruida, pero ansiosa de volver a vivir.

— ¡Días tremendos!

— ¡Sí, tremendos! Ya había sido liberada toda Italia, pero aún quedaba mucho por hacer y todavía había que salvar muchas y enormes dificultades. Pero se trataba ya de construir, y no de destruir. Reconstruir de los escombros nuestro país, libre, justo y en paz, tal como lo habíamos soñado durante los años negros.

La sinfonía que seguía transmitiendo en sordina la grabadora estalló en el "crescendo" del final y calló para transformarse en otro estallido, esta vez de aplausos. El músico subió el volumen, complacido no tanto con el testimonio de su lejano triunfo, como con el significado que todavía tenían para él las ovaciones de ese día.

— ¡Cuántos aplausos! —comentó el pelirrojo.

— Un gran éxito —confirmó el compañero con una expresión atenta.

— Sí, un éxito que nunca podré olvidar. Milán había sido mi sueño más anhelado cuando todavía media Italia estaba ocupada por los alemanes y, por fin, también Milán era libre... ¡toda Italia era libre!

— Y por fín había acabado la guerra —subrayó un periodista—. ¡Pero los años de la reconstrucción fueron igualmente duros!

— Yo no conocí esos nuevos sacrificios —admitió el director de orquesta—. El concierto en el Castillo Sforzesco dio un vuelco decisivo a mi vida. Un importante empresario se interesó por mí y yo le seguí a América.

— Ya le habían ofrecido anteriormente un contrato para los Estados Unidos, —recordó el rubito— pero, como nos ha dicho, usted no aceptó.

— Así es.

— ¿Por qué cambió de idea en Milán?

— Yo había combatido mi batalla con la batuta, pero la guerra había terminado ya incluso para mí. Y ahora tenía libertad para seguir adelante con mi carrera de director de orquesta.

El músico se interrumpió, mirando absorto a sus invitados, pero sin verlos, sumido como estaba en los recuerdos de su excepcional vida.

— Naturalmente —continuó—, no debéis pensar que yo estaba ya "situado"... ¡Nada de eso! En realidad tuve que trabajar mucho en América para darme a conocer.

— Pero la suya era ya una carrera sin obstáculos.

— Puede llamarse así; pero os aseguro que fue

una carrera dura y laboriosa, aunque llena de pequeñas y grandes satisfacciones.

— ¿Qué hizo en América? —preguntó el enviado del *Calabrone*.

— Fui director de una pequeña orquesta de provincia; posteriormente pasé a un teatro más importante. Los periódicos empezaron a ocuparse de mí cada vez con más frecuencia... En fin, poco a poco fui famoso casi sin saber cómo había sucedido.

El músico se levantó y fue a ponerse, de pie, junto a la estantería. Pasó la mano por encima de las fundas bien alineadas de algunos microsurcos, tomó un álbum de recortes y hojeó sus páginas, cada vez más absorto en los recuerdos.

— Empecé a grabar los primeros discos —siguió diciendo— e hice mis primeras *tournées* por el extranjero. El Metropolitan de Nueva York, el Colón de Buenos Aires, la Ópera de París... Poco a poco me fueron resultando familiares los mayores teatros del mundo, etapas usuales de mi incesante ir y venir por el mundo. Sin embargo, el recuerdo más inolvidable está ligado a la Scala, que había sido reconstruida recientemente e inaugurada por Toscanini...

El director de orquesta ya estaba acostumbrado a los aplausos y los abordajes de los admiradores, que eran la "cola" de todos sus conciertos. Ya no les daba importancia e incluso le molestaban, ya que, después del enervante cansancio de una ejecución en regla, lo que más deseaba era un poco de soledad. En Milán ocurrió algo parecido.

— ¡Maestro —casi tuvo que suplicarle el secretario— no puede negarse a recibir a sus admiradores!

— ¡Sí que puedo! No tengo ninguna gana de verlos.

— El público debe recibir ciertas satisfacciones. Ya dicen que usted tiene un carácter demasiado arisco, orgulloso...

— ¡Orgulloso! —el músico reaccionó como si le hubiesen dado una bofetada en la cara—. ¿Eso dicen?

— Eso precisamente.

— ¿Es posible que no hayan comprendido nada? ¡Orgullo! No es cierto, Alberti. Yo, más y mejor que nadie, soy consciente de no ser todavía un gran director. Me esfuerzo por entender el verdadero sentido de la música; siempre siento dentro de mí un ansia que me atormenta y que no consigo expresar. Y cada nuevo concierto me deja postrado, envilecido, descorazonado...

— ¿Envilecido, Maestro? ¿Descorazonado?... ¡Qué dice! ¡Si cada concierto es un nuevo y estrepitoso éxito!

— Yo no puedo medir el éxito por los aplausos. ¡Sé lo que habría deseado expresar y que no he sido capaz de expresarlo! ¡Conozco la medida de mi incapacidad frente a las partituras que no consigo recrear en sus verdaderos sentimientos! ¡Y ese tormento es el que me hace ser huraño, arisco, y no el orgullo!

— Lo comprendo, Maestro —aseguró el secretario con seriedad.

— Si realmente me comprende, Alberti, persuada a los que están ahí fuera de que se marchen. Necesito estar solo, recuperarme.

El músico se tumbó en un sofá, en su camerino, mientras el secretario salía a parlamentar con los periodistas y los coleccionistas de autógrafos. A oídos del director de orquesta llegaron, desde el otro lado de la puerta acolchada, las protestas de la gente desilusionada: no hizo ningún caso.

Poco a poco se fue tranquilizando. El teatro debía estar ya totalmente desierto. Los músicos, los empleados, todos debían haberse marchado ya.

El director de orquesta se incorporó y, como un autómata, salió a los angostos pasillos iluminados apenas por las luces de emergencia. Casi sin darse cuenta, bajó con rapidez por una escalerilla de hierro y se encontró detrás de los palcos. Pasó entre las pesadas butacas de terciopelo y se asomó al proscenio. Sus pasos lentos resonaban en el entarimado, en el profundo silencio de la enorme sala oscura y desierta, un silencio que zumbaba mágicamente en sus oídos como si estuviese escuchando el interior de una caracola.

Subió a la tarima y permaneció contemplando los semicírculos de sillas y atriles dispuestos en torno a él, los timbales silenciosos cubiertos con un suave paño, los estuches negros de los contrabajos, demasiado aparatosos para que los músicos se los llevaran.

En su mente resonó un toque de timbal, después entró una trompeta, y luego los violines...

La mano diáfana del músico acarició el aire, recreando los movimientos de la sinfonía, dirigiendo una orquesta invisible y silenciosa. Eran los momentos que más amaba, cuando se encontraba cara a cara con su sensibilidad, sin músicos y sin público, sin ningún diafragma entre su arte innato y los medios técnicos de que debía servirse incluso su arte para exteriorizarse.

Empezó a tararear en voz baja el fragmento que le había dejado tan insatisfecho, pero su tono de voz se fue elevando a medida que fue avanzando en los virtuosismos del pentagrama, reconstruido de memoria.

"Así es, ahora está bien", pensó anotando mentalmente las minúsculas variaciones que sólo él podía apreciar, necesarias para hacer realmente perfecta la interpretación. Se inclinó hacia el invisible público pensando que esta vez sí se merecía el aplauso.

Y se oyó un aplauso real: el del secretario que, sin ser visto, había permanecido entre bastidores escuchando el insólito concierto.

— ¡Magnífico, Maestro! —exclamó con los ojos brillantes por la intensa emoción que había invadido su alma—. ¡Ahora comprendo lo que quería decir cuando se lamentaba de la ejecución!

— ¡Alberti! ¿Qué hace aquí? —le cortó el músico, saliendo de su ensueño.

— Fui a buscarlo al camerino y, al no encontrarlo, me empecé a preocupar.

— Oh, no debe preocuparse por mí. Ya no soy un niño.

— Mientras usted descansaba, aproveché para echar un vistazo a la correspondencia. Hay montones de cartas de admiradores.

— Las veré mañana. Ahora no tengo ganas. Estoy contento de haber encontrado lo que le faltaba a mi interpretación. ¡No quiero hablar de cosas banales!

— Perdone si insisto, Maestro. También hay algunas cartas de empresarios. Le reclaman de París, en Sidney...

— Imposible. Ya estoy lleno de compromisos durante un año por lo menos.

— Contestaré rechazando las ofertas, —aseguró el secretario—. La cara de que quería hablarle cuanto antes es otra. Una carta extrañísima, una invitación. Viene de Viena.

— ¿De la Staatsoper? —preguntó el Maestro con un cierto interés.

— No, la hoja no tiene encabezamiento. Yo diría que la ha escrito un amigo. La carta está firmada simplemente con un nombre: Wilhelm.

— ¿Wilhelm?... ¡Ah sí, claro, Wilhelm! ¿Cómo no he podido acordarme de él en todos estos años?... ¡Déme la carta!

Con impaciencia, arrancó el papel de las manos del secretario y lo leyó con avidez:

Querido Maestro, el próximo 13 de abril se conmemora el quinto aniversario de la liberación de Viena. Mis amigos y yo hemos pensado que nada podría honrar mejor la ocasión que un concierto: un concierto en las mismas condiciones que aquella Pastoral del lejano julio del 43...

— ¡Así pues, —exclamó el director con una alegría repentinamente despertada por los recuerdos, que se reflejaba en su voz— mis esfuerzos de entonces han servido de algo! ¡No se han olvidado!

— ¿De qué, Maestro? —se sorprendió el secretario—. No comprendo.

— No importa, Alberti, usted no lo puede entender. Luego, luego le contaré. ¡Ahora déjeme leer!

Hemos pensado en usted. Sé que en la actualidad es usted famoso y se le disputan los teatros más importantes. Seguramente usted no tendrá tiempo y nosotros no podemos ofrecerle un contrato decoroso; pero le escribo de todos modos para comunicarle nuestro deseo de que sea precisamente usted quien tome la batuta para dirigir, como entonces, un concierto de paz y esperanza. Suyo,

Wilhelm.

— ¡Escriba inmeditamente que acepto! —ordenó el músico—. ¡Es más, ponga un telegrama!

— ¡Pero el 13 de abril tiene que estar en Chicago!

— Anule el contrato.

— Imposible. La multa...

— ¡Si tengo que pagar, pagaré!

— ¡Es un contrato de oro, Maestro! —dijo Alberti casi suplicando—. ¿Va a renunciar usted por ... por nada?

— ¡Es por muchísimo! ¡Por algo que no hay cantidad de dinero que pueda pagar!

— Disculpe, Maestro, pero no consigo entender nada.

— No importa, Alberti, no importa. Soluciónelo usted con los de Chicago y envíe un telegrama a Wilhelm. ¡Dígale que espero puntualizaciones y que, de todos modos, acepto!

* * *

El ya anciano y famoso director de orquesta se recostó en el cómodo respaldo de suavísima piel del sillón, sorprendido por un momento de cansancio. Las emociones de los recuerdos, sumadas al esfuerzo realizado en el concierto, habían provocado ese instante de aflojamiento, en el que el músico, en el ápice de la gloria, reveló sus sueños y su íntimo agotamiento físico y nervioso; pero en seguida volvió a ser el auténtico gladiador que, armado de batuta, se enfrentaba en la arena del teatro a sus leones orquestales.

— Nos estaba hablando de Viena —recordó el rubito impulsivamente.

— Sí, en efecto. Así fue como volví a Viena, al cabo de siete años. La espléndida ciudad estaba irreconocible, destrozada por las bombas y los cañones. Había sido derruido hasta el famoso Staatsoper, el teatro Estatal de la Ópera... que no sería reconstruido y vuelto a abrir hasta el año 55... y mi concierto tuvo lugar en el An der Wien, otro famoso templo vienés de la música, donde en 1805 se representó por primera vez el *Fidelio* de Beethoven. El An der Wien había sufrido daños también, y me correspondió a mí precisamente el grandísimo honor de inaugurarlo.

— La capital austríaca —observó el periodista de

siempre— era considerada aún zona de ocupación.

— Así es. ¡Por las calles se veían más uniformes ingleses, americanos, franceses y rusos que trajes civiles! Por otra parte, se veían pocos vieneses, y los que se atrevían a salir no tenían ya la alegría de antaño, después de todo lo vivido y padecido.

— ¿Encontró en Viena a sus viejos amigos? —preguntó el enviado especial del *Calabrone*.

— ¡A pocos, muy pocos, desgraciadamente! Algunos habían muerto bajo las bombas, otros en el frente; otros se habían marchado con el deseo de encontrar un poco de serenidad en otros lugares...

— Pero Wilhelm estaba aún.

— Naturalmente. Él decidió que fuese yo quien dirigiera el concierto conmemorativo. Se había convertido en una de las más destacadas autoridades de la ciudad...

* * *

El encuentro de Wilhelm con el famoso director fue conmovedor: los dos permanecieron abrazados un buen rato, incapaces de hablar, y sólo al cabo de unos minutos sus lenguas se desataron para regresar al pasado.

— ¿Y el profesor Bruckner? —preguntó el músico—. El viejo y querido Bruckner...

— Lo apresaron.

— ¿Lo mataron...?

— ¡Pocos salieron con vida de Mauthausen!

— ¡Pobre Bruckner! Él no ha visto el mundo con el que soñaba.

— Pero vivirá siempre en el recuerdo de los austríacos.

— ¿Y Hans? ¿Qué fue del pequeño Hans?

El ex partisano apretó los labios y tuvo un instante de vacilación antes de responder:

— De él no tengo ninguna noticia. Parece como si aquella noche el muchacho desapareciera en la nada.

— Usted cree que... —el músico se estremeció.

— No sé. No sé qué pensar —afirmó Wilhelm con congoja—. La única cosa segura es que a Hans no le ocurrió nada grave aquella noche. Tengo la certeza de que esa noche no lo cogieron. Pero después... No soy capaz de imaginar siquiera lo que pudo suceder.

— Pero usted prometió que lo buscaría...

— ¡Y le aseguro que mantuve la promesa! Todos hicimos lo imposible, entonces y después de la guerra; pero...

— ¡No puede haber desaparecido! Si hubiese muerto... Sí, comprendo, la guerra, todo lo que pasó, pero debe haber unos registros, unas listas, un empadronamiento...

— El hecho es que no sabíamos a quién buscar. Sólo conocíamos el nombre del muchacho, ni siquiera el apellido; todos aquéllos que deberían conocerlo y por consiguiente podrían habernos dicho algo más, estaban muertos, habían sido enviados al frente o a un campo de concentración, se habían esfumado, habían desaparecido ellos también.

— ¿Y en el hotel donde trabajaba?

— Ese fue el primer sitio adonde nos dirigimos en busca de información; pero Hans no volvió allí después de aquella noche.

— No es posible —se empeñó el director de orquesta— que todos sus compañeros de trabajo, los camareros, los mozos del hotel, no supieran nada de él.

— Ya no queda nadie —Wilhelm se encogió de hombros, con una amarga impotencia—. Todos los civiles que trabajaban en el Sacher se han volatilizado por temor a ser arrestados y procesados por colaborar con los nazis.

— Las nóminas del personal, los registros, los documentos administrativos...

— Los alemanes lo quemaron todo, además de infinidad de papeles que no querían que pasaran a manos de los rusos o de los americanos. Mis amigos y yo lo intentamos todo, pero... Todas las investigaciones resultaron inútiles.

— ¡Pobre Hans! —murmuró el director de orquesta, profundamente turbado—. La culpa fue mía. Si aquella noche...

— Usted, *Herr Dirigent*, no tiene absolutamente nada que reprocharse. La culpa es únicamente de la oleada de monstruosidades que asoló nuestra pobre Austria. ¡Pero por lo menos, Hitler y sus generales han pagado sus crímenes!

— ¡Pobre Hans! —repitió el músico, conmovido—. Nunca podré olvidarlo. Le dedicaré mi concierto.

11 Uno de tantos

UNA vez más, interpretada a un nivel sublime por la batuta prodigiosa del artista, la música realizó el milagro de transportar a las personas que atestaban el An der Wien a otra dimensión, sobrenatural; de hacer comprender a todos los oyentes, sin importar las diferencias de idioma y de estado, el mensaje profundo y sublime que ningún discurso pomposo habría podido comunicar con igual inmediatez y eficacia.

Aquella inolvidable noche el director de orquesta tuvo que permanecer en el escenario más tiempo del habitual, antes de que los incesantes aplausos le permitiesen refugiarse entre bastidores; y en el camerino tuvo que defenderse más denodadamente de los admiradores entusiastas, entre los cuales se encontraban altos cargos de los cuatro ejércitos ocupantes y las más importantes personalidades del gobierno.

Por otra parte, le habría resultado imposible salir: la calle en la que se encontraba la salida de los artistas estaba bloqueada por centenares de espectadores decididos a no regresar a sus casas sin haberle expresado previamente su entusiasmo, sin verlo, tocarlo... El teatro estaba literalmente asediado y hasta los agentes de policía aconsejaban esperar a que por lo menos una parte de la muchedumbre desalojara la calle para aventurarse a salir; y en el camerino, el italiano mataba el tiempo de la larga espera conversando con sus amigos más íntimos como si se hallase en el salón del hotel.

— ¡Un éxito estrepitoso, Maestro! —exclamó con júbilo Wilhelm—. Si todavía se usaran las carrozas, la gente, además de retenerle aquí, desengancharía los caballos como se hacía en el pasado con las grandes divas.

— Pero yo no soy un divo, Wilhelm, y estas manifestaciones masivas me ponen siempre en un apuro. No las merezco.

— Usted es demasiado modesto, Maestro.

— No, no es cuestión de modestia. Me basta con entender que, por medio de mi batuta, el público ha intuido los ideales grandiosos de un Beethoven, un Bach, un Wagner; que ha comprendido sus sentimientos, sus tormentos...

— ¿Y le parece poco conseguir eso, Maestro?

— No, lo es todo; pero precisamente porque lo es "todo", no admite más: ni aplausos, ni estas manifestaciones del público. La satisfacción más auténtica de un director de orquesta muere junto a la última nota recreada por él. Estos delirios multitudinarios pueden complacerle, pero deterioran su alegría más pura, el sabor de las emociones sentidas en el escenario...

— Sí, creo haber comprendido, Maestro.

— Pienso que deberíamos decidirnos a salir —dijo

Alberti mirando el reloj: se había hecho tardísimo. — A la gente de ahí fuera no le importa esperar hasta el amanecer.

— Yo también creo que deberíamos rendirnos a la obstinación de sus admiradores, Maestro —opinó Wilhelm con una sonrisita de complacencia: esa grande e inolvidable velada había sido también su propio triunfo.

— Marchémonos, pues —suspiró el músico, resignado.

La policía, fuera, formó un cordón para que el director de orquesta pudiese llegar a su automóvil, entre la muchedumbre; pero nada más abrirse la puerta y suponerse que iba a salir el Maestro, el clamor degeneró en tumulto. La gente empujaba, chocaban unos con otros, saltaban por encima de lo que fuera con tal de ponerse en primera fila y poder estrechar la mano al popularísimo músico italiano, del cual hablaba toda Viena aquella noche.

— ¡Bravo! ¡Bravo!

— ¡Abran paso, señores! ¡Por favor, dejen pasar! —Wilhelm y el secretario tuvieron que acudir en ayuda de los gendarmes para abrir paso al Maestro.

— ¡Bravo! ¡Viva la libertad! ¡Viva la paz!

— ¡Por favor, señores, un poco de calma! —protestó el músico temiendo por su integridad, ante tanto estusiasmo—. ¿Me quieren aplastar?

Pero era como hablar al viento. Unos querían un autógrafo, otros estrecharle la mano, algunos se conformaban simplemente con mirar al músico; pero todos, para lograr su objetivo, tenían que luchar contra una turba de exaltados.

— ¡Bravo! ¡Bravo!

— ¡Fuera! ¡Fuera!

De todas partes surgían manos insistentes con un cuadernillo, la funda de un disco, el programa del concierto, pretendiendo conseguir un autógrafo; y los dedos del Maestro, tan ágiles moviendo la batuta por el aire, parecían temblarle al trazar su nombre con la estilográfica, en parte por la emoción y en parte por el temor.

— Se lo ruego, no me agobien, déjenme respirar... —firmaba y suplicaba con un hilo de voz.

De repente se quedó inmóvil, impresionado a pesar suyo por una mano que le tendía algo, una hoja de papel, tal vez de papel pautado. Era una mano increíblemente delgada y nudosa; pero lo que más impresionó al músico fue el anillo de acero corroído y con extraños arabescos grabados, que llevaba en un dedo. Tenía la impresión de haberlo visto anteriormente; ¿pero dónde, cuándo...?

El director de orquesta alzó instintivamente la vista para mirar al propietario de esa mano, pero enseguida la volvió a bajar, extrañamente turbado. Se había encontrado frente a un joven con el rostro enjuto y tenso, con los pómulos pronunciados y la nariz afilada, torcida como si un golpe violento la hubiese partido por la raíz. El cuerpo del desconocido era flaco, triste, con la espalda tan curvada que parecía un jorobado. Uno de tantos... Eran tantos, por desgracia, los que mostraban esos signos imborables de hambre y sufrimiento... todos aquellos que habían sido liberados de los *Lager* nazis justo a tiempo, antes de ser eliminados en las fosas comunes o en los hornos crematorios, y a los cuales no les habían bastado los cinco años transcurridos desde entonces para que sus huesos se recubriesen de un poco de carne, para que en sus ojos se apagase la sombra lóbrega del terror causada por las monstruosidades a que habían asistido y que habían padecido en persona. Pero esa cara, esos ojos, ese cuerpo, no le recordaban a nadie conocido. Sólo ese anillo... Ése sí creía haberlo visto anteriormente; pero, en definitiva, los anillos así eran muy corrientes. El Maestro firmó el papel y lo devolvió. Al hacerlo, miró de nuevo al hombre y le impresionó con estupor y cierta incredulidad que esos rasgos trágicos y angustiados —que eran casi una muda acusación dirigida a toda la humanidad por lo que había permitido que padecieran millones de hombres— estaban iluminados por una sonrisa radiante y feliz.

— ¡Maestro, ha estado magnífico! —se oyó decir como en un sueño—. Esta *Pastoral* ha sido aún mejor que la otra.

— ¿Qué otra? —el músico no comprendía.

— La de hace siete años, en la Staatsoper.

— Usted es muy joven todavía —se asombró el director de orquesta—. En aquella época debía ser apenas un muchacho. ¿Cómo es que asistió al concierto?

— Al concierto no... a los ensayos. ¿Maestro, no me reconoce?

El anillo... ese anillo en el dedo que pulsaba el botón del ascensor...

— ¡Hans! —el músico comprendió de sopetón—. ¡Sí, claro que sí, eres tú!

— Sí, soy yo: el muchacho del ascensor.

— ¡Mi pobre Hans! —el músico se inclinó hacia delante para abrazarlo, profundamente emocionado—. ¡Cómo te han dejado!

— Oh, puedo decir que he salido bastante bien parado —la sonrisa del joven no había cambiado—. Muchos de mis amigos salieron de Mauthausen en un estado infinitamente peor... los pocos que salieron.

— ¿Mauthausen? ¿Te llevaron allí?... Hans, ven, sube al coche. Ven conmigo: quiero que me cuentes todo.

— ¡Fuera! ¡Fuera! —intimaron los policías extendiendo los brazos en cadena con toda su fuerza, y dando codazos hasta abrir un pasillo entre el gentío.

Un cuarto de hora más tarde, todo el grupo se encontraba en el lujoso apartamento que ocupaba el director de orquesta en el hotel Sacher, donde ahora se habían instalado los ingleses; y éstos, más hospitalarios que los alemanes, habían cedido al músico las espléndidas habitaciones del "piso noble", reservado a las personas célebres. Hans ocupaba el sitio de honor, rodeado por el director de orquesta y sus amigos, que escuchaban su relato con interés y emoción:

— Conocía el bosque centímetro a centímetro. Pronto logré distanciarme de los soldados...

— ¿O sea, no te cogieron?

— No, esa vez no.

— ¿Cuándo entonces?

— Ahora lo contaré. Aquella noche, cuando comprobé que no me seguían los alemanes, pensé que era el mejor momento para entrar en el castillo. Todos los centinelas debían estar fuera, a la caza de los hombres que habían descubierto...

— ¿Quieres decir que volviste atrás? —exclamó Wilhelm, casi dudando en dar crédito a semejante hazaña.

— Permanecí mucho tiempo escondido en un árbol —precisó Hans— y, cuando dejé de oír a los perros, di marcha atrás.

— ¡Qué locura! —exclamó el ex partisano.

— Sí, hoy me doy cuenta de ello —admitió Hans—, pero entonces yo me sentía inmensamente feliz por haber burlado a las SS. Llegué al edificio. Había más centinelas, pero, como yo imaginaba, estaban ocupados en otros asuntos. No se fijaron ni lo más mínimo en mí.

— ¿Lograste entrar?

— Sí, se lo contaré todo.

Hans conocía a la perfección el enorme castillo, donde había vivido de niño. Sabía que en la parte trasera había una especie de trampilla situada en la base de los sólidos muros, por la que se introducían los troncos que caían después a la leñera. Cuántas veces se había servido de ese pasadizo secreto cuando jugaba al escondite con sus compañeros...

La trampilla estaba cubierta de enredaderas silvestres que la ocultaban completamente. Por eso los alemanes, cuando tomaron posesión de Kahlenberg, no repararon en ella y, por consiguiente, no la protegieron con rejas, como hicieron con las ventanas de la planta baja. El muchacho se deslizó entre las zarzas y se metió en la trampilla, dejándose caer por la rampa.

El enorme sótano oscuro estaba repleto de telarañas. Se oía el roer de los ratones y el aleteo de los murciélagos. Pero el muchacho no sentía miedo: estaba acostumbrado a explorar con emoción los subterráneos del castillo. A tientas llegó a la resbaladiza escalera de piedra y subió por ella.

La puerta estaba cerrada con llave, pero eso tampoco era obstáculo. Hans recordaba que haciendo palanca con un alambre, en la medida justa, la cerradura saltaba; antes de hacerlo, permaneció un buen rato con el oído pegado a la puerta para cerciorarse de que no había nadie al otro lado.

En el edificio todo estaba silencioso. El muchacho se decidió finalmente a salir de su escondite. Se encontró en la inmensa despensa, repleta de todo tipo de víveres, montones de latas de carne, cajas de cerveza, tarros de mermelada... Por un instante tuvo la tentación de finalizar allí su incursión. ¡Tan hambriento como estaba, habría sido doblemente placentero llenarse el estómago a expensas de los oficiales alemanes! Se conformó con llenarse la boca y los bolsillos de chocolate. ¡El botín que había ido a buscar era mucho más grande!

Ahora el problema era llegar al desván. Se acordaba de una escalera de servicio que empezaba precisamente fuera de la despensa, pero no se decidía a aventurarse. Permaneció escondido, entre un viejo armario y el muro, más de dos horas, que le parecieron una eternidad. Por otra parte, se trataba de esperar a que reinara la calma en el castillo, después de la alarma nocturna.

Y la calma reinó. Evidentemente, no se había confirmado la intrusión de extraños y, quizá, se pensó que los centinelas habían dado la alarma tras oír ruidos del todo naturales.

Por fin Hans se decidió. De un salto estuvo en la escalera y milagrosamente logró llegar al desván sin ser descubierto. La habitación estaba débilmente iluminada por un tenue rayo de luna que penetraba a través de un tragaluz. Grandes postigos de madera, probablemente clavados, cerraban las troneras que daban al tejado, del tipo de las de buhardilla.

El incierto rayo de luna que iluminaba el desván era demasiado débil y engañoso para que el muchacho llevase a cabo con éxito su búsqueda. Hans miró perplejo los montones de cajas y baúles apilados en los rincones y se convenció de que tenía que resignarse: de noche no podía hacer nada. Habría que esperar hasta el amanecer. Por otra parte, ya que había logrado llegar allí, no le importaba quedarse un día entero si era preciso.

Una vez que sus ojos se acostumbraron a la oscuridad, buscó a tientas el mejor lugar para pasar la noche. Se encaramó en una enorme caja, con la espalda apoyada en otra caja colocada sobre la primera. No se podía decir que estuviese muy cómodo, pero no había elección. No fue nada fácil hacer pasar el tiempo. En la oscuridad, los minutos parecían estar formados por mil segundos.

Aguzaba el oído a cada mínimo ruido que se escuchaba en el castillo. Primero oyó unas voces, fuera, en el bosque. Como es natural, no pudo entender lo que decían, pero no le pareció que fuesen especialmente inquietantes. Era evidente que los centinelas se habían convencido de haber estado intentando cazar a una sombra y volvieron a tumbarse en sus catres, en la garita. ¡Afortunados ellos, que tenían un catre!

De vez en cuando se oían unos ruidos confusos. Voces, quizá portazos... ¿Habrían descubierto los alemanes alguna huella y lo estarían buscando? Hans recordó las tabletas de chocolate y sintió un escalofrío. ¡Había sido un estúpido dejándose llevar por su glotonería! Tal vez alguien se hubiese dado cuenta de que faltaba chocolate y hubiera vuelto a dar la alarma...

El muchacho permaneció mucho tiempo a la escucha con mayor atención aún, temiendo oír de un momento a otro pasos en la escalera... pero pasó el tiempo, quién sabe cuánto, sin que nada sucediese. El único rumor, ya, era el de la carcoma de las vigas del techo. Hans se tranquilizó y, para consolarse, se comió una de esas tabletas que tanto le habían preocupado.

Se levantó e hizo unas flexiones para estirar las piernas entumecidas. Incluso osó acercarse a la ventana para mirar por ella. La luna se iba a poner, y dentro de poco en el desván no quedaría ni la más tenue claridad. ¡Y quién sabe cuánto tendría que esperar hasta que se filtraran a través de las tablas clavadas en el tragaluz los primeros rayos de sol! Bostezó profundamente y el hondo suspiro debió asustar a los ratones, que dejaron de hacer ruido en el desván. Luego las carcomas y los roedores continuaron su algazara, confiados.

A tientas, Hans encontró un cajón con respaldo apoyado contra la pared. Se sentó en él (¡era mucho más cómodo que la caja!) y, presa del cansancio, se reclinó sobre un costado, por último se tendió completamente con un brazo bajo la cabeza, a modo de almohada.

Le despertó un dolorcito molesto y angustioso en el brazo encogido. Sc restregó los ojos, bostezó... miró a su alrededor con estupor preguntándose, medio dormido aún, dónde se encontraba. Recordó de golpe y se levantó de un salto.

A través de los tragaluces condenados entraban en el desván haces dorados de sol, entre cuyos rayos danzaba el polvo creando unos efectos mágicos. El desván seguía sumido en la penumbra, pero al menos, ahora se distinguían claramente las siluetas de los objetos. Allí estaban las cajas de antaño, apiladas unas sobre otras. Parecía que nada había sido tocado desde la última vez que él estuvo allí, con su padre. Pero entre tantos baúles cubiertos de moho y telarañas era difícil reconocer el que él buscaba.

El cielo se aclaraba cada vez más. Atisbando a través de las tablas de los tragaluces Hans pudo ver a los alemanes abajo, en el bosque. Iban en parejas, con el fusil al hombro y los perros atados con las correas, pero probablemente solieran ir así. El muchacho no notó ninguna agitación anormal. Seguramente nadie pensaría en él y, mucho menos, se le ocurriría buscarlo en el desván.

Totalmente tranquilo, Hans comenzó su búsqueda. Se puso a abrir baúles al azar, impulsado por una curiosidad frenética incrementada por el temor a que los alemanes, por cualquier motivo, lo descubriesen. Tenía que darse prisa...

No encontró nada. Apenas levantaba las tapas, se daba cuenta de que el tesoro que buscaba no podía estar ahí dentro. Todos esos trastos no le sugerían nada, no habían pertenecido a su familia. Pero no podía seguir buscando de ese modo. Había muchísimas cajas en el desván y para abrirlas todas —tenía que moverlas y forzar las cerraduras— habría necesitado demasiadas horas.

Se puso en pie, rascándose la cabeza, turbado, y miró a su alrededor. En el costado de una caja descubrió una especie de blasón grabado toscamente con la punta de un cuchillo. Un rayo de sol lo iluminaba. Hans recordó inmediatamente ese sello. Se dispuso a liberar esa caja de las otras que estaban apiladas sobre ella, esforzándose en no hacer ruido. La tapa estaba cerrada con una pesada cadena, pero la madera estaba podrida. Bastó un golpe decidido para romper una tabla y, una vez abierta una rendija por la que meter la mano, no fue difícil desclavar las otras.

En el desván los objetos se distinguían cada vez mejor; pero la claridad del sol no era suficiente para ver con nitidez el contenido de la caja. Hans hurgó dentro febrilmente. Tuvo entre sus manos suaves telas antiguas, todas apolilladas ya; reconoció un paraguas, una palmatoria, una estatuilla de porcelana que antiguamente adornó su humilde casa y ahora estaba decapitada. Ahondó aún más las manos y tocó papeles. Pero quedó defraudado: sólo era un paquete de cartas de amor atado con una cinta roja. Se las habían escrito el abuelo y la abuela, cuando todavía eran novios. Había un álbum de fotos con las pastas verdes de moho, unos libros desencuadernados, una cartera de cuero...

El muchacho, repentinamente inspirado, sacó la cartera de la caja y la puso justo debajo del tragaluz para ver mejor su contenido. Desató las correas con las manos temblorosas por la emoción y la abrió.

Contenía un gran paquete de hojas de papel. En la primera leyó, escrita a mano, una fecha: 16 de noviembre de 1791. Abajo una firma: Wolfgang Amadi Mozart, con la parte final del segundo nombre, Amadeus, reducida a una "i" y la "t" del apellido adornada con una rúbrica que recordaba los signos musicales.

Con el corazón embargado por la emoción del hallazgo, hojeó los viejos papeles. Fue suficiente un vistazo para comprobar que eran papeles de música, idénticos a aquél con el que había aprendido a tocar cuando era niño. ¡Había encontrado el "concierto" desaparecido! Volvió a atar las correas de la cartera y aguzó el oído. En el castillo todo seguía en silencio. Los únicos ruidos, las únicas voces llegaban desde el bosque.

Ahora que tenía su tesoro bajo el brazo era todavía más importante salir de la trampa sin dejarse coger. Hans no tenía miedo: esquivaría a los alemanes a la salida del mismo modo que los había esquivado a la entrada. De todos modos era más prudente esperar de nuevo a la oscuridad de la noche y entretanto percatarse bien de la situación.

Recordó que había una tronera que daba al tejado, desde la que se divisaba el bosque. El postigo estaba bien cerrado, como los otros, y probablemente clavado, ¿pero quién sabe?, tal vez pudiera echar un vistazo a través de una rendija. Se dirigió a la tronera, moviéndose con cuidado entre las cajas amontonadas, procurando no hacer ningún ruido; ¿pero cómo iba a ver una baldosa levantada en un rincón tan oscuro? Tropezó con ella, perdió el equilibrio y fue a caer contra una pila de cajas que se desmoronaron con un tremendo estruendo.

Se levantó inmediatamente, palidísimo: su corazón casi había dejado de latir. Abajo, una voz lanzó un grito de alarma y llamó a los *Kamaraden* pidiendo ayuda. Se oyeron pasos subiendo las escaleras precipitadamente... Hans se quedó paralizado. No tenía ninguna posibilidad de escapar. Pero no se desanimó. En definitiva, no estaba haciendo nada malo: ése era su desván, ésas eran sus cosas... Explicaría por qué se encontraba allí y los alemanes deberían dejarle marchar, quizá con un pescozón o un puntapié.

Pero el valioso manuscrito no podía acabar en manos de los alemanes. Tenía que esconderlo, ponerlo a salvo antes de que "ésos" lo encontrasen.

La enorme baldosa se había volcado, dejando al descubierto un agujero en el suelo. Los ratones debían haber excavado su madriguera en el cemento poroso, pero parecían haberse trasladado desde hacía tiempo a un alojamiento más confortable y seguro. Hans depositó la cartera en el agujero y reunió todas sus fuerzas para empujar un montón de cajas y taparla.

Lo hizo justo a tiempo. La puerta se abrió con violencia; una silueta oscura apareció en el umbral.

— ¡Miradle, está aquí! —gritó un soldado.

— ¡Cogedlo! —ordenó un oficial.

Algunos militares se acercaron a Hans y lo agarraron brutalmente.

— ¡Maldición, sólo es un muchacho! ¿Qué hace aquí?

— ¡No lo dejéis escapar! —gritó el oficial sin enternecimiento—. ¡Como veis, el centinela no estaba equivocado!

— ¡Dejadme! ¡Dejadme! —exclamó el muchacho forcejeando furiosamente para liberarse.

Una mano áspera iba a sujetarlo, pero él la mordió con la furia salvaje del instinto de conservación.

— ¡Ah, pequeño tigre! —gritó el soldado—. ¡Yo te enseñaré a morder!

La desesperada defensa del muchacho fue totalmente inútil. En un instante los soldados lo agarraron y lo inmovilizaron.

— ¡Dejadme! —gritó Hans—. ¡No he hecho nada malo, lo juro! ¡Dejadme marchar!

— ¡Ahora los enemigos del Gran Reich se ven obligados a utilizar a los muchachos! —dijo con sarcasmo el oficial—. ¡Vamos, habla, pequeño espía! ¿Quién te ha mandado, mocoso?

— Nadie, señor mayor. Yo no...

Una bofetada furiosa se desplomó en sus labios, haciéndolos sangrar:

— Esto para enseñarte a no decir mentiras.

— ¡No me peguen! No estaba haciendo nada malo. Puedo explicárselo todo...

Un segundo bofetón furibundo le hizo caer al suelo.

— ¡Habla, pequeño y estúpido espía! —rugió el mayor—. ¿Qué hacías aquí? ¿Quién te ha enviado? ¿Quién estaba contigo? ¡Habla! ¡Habla!

Llorando de pánico y de dolor, acribillado a puñetazos y bofetadas, Hans contó la historia. Dijo que había ido a recoger sus recuerdos familiares, los objetos que eran suyos y estaban guardados en esa caja con un sello grabado...

— ¿Pretendes hacerme creer que un miserable como tú ha vivido en este castillo? ¡Estupendo! —la mano del oficial se volvió a desplomar sobre el muchacho—. Te conviene hablar. ¿Quién te ha enviado? ¿Quién era el hombre que venía contigo?

— Nadie. He venido solo...

Un sonoro bofetón en plena cara pareció romperle

la cabeza:

— ¡Tu cómplice ha logrado escapar, pero tú nos dirás su nombre!

— Estaba solo, lo juro...

Aturdido por los golpes, el muchacho no vio siquiera el látigo de cuero del oficial. El dolor punzante acabó con sus últimas fuerzas. Cayó de rodillas, desmayado.

— Atadle —ordenó el mayor a sus soldados.

— ¿Qué vamos a hacer?

— Ya veremos. Lo interrogaremos cuando recobre el sentido. Entretanto informaremos al coronel.

— Parece imposible que un mocoso como éste pueda ser un espía.

— ¡Su corta edad lo salvará del pelotón de ejecución, pero no de la deportación! ¡Encerrado en un *Lager* dejará de molestarnos!

12 Un estuche de piel negra

EL Maestro y Wilhelm escucharon hasta el final—sin decir una palabra, enmudecidos por la indignación— el dramático relato de Hans. Tuvieron noticia de los brutales interrogatorios a que fue sometido el muchacho y cómo, finalmente, fue cargado en un furgón junto a un centenar de deportados como si fueran animales y no hombres. Escucharon el impresionante testimonio de los horrores de Mauthausen; revivieron las monstruosidades de los *Lager*, el hambre debilitante, las ingeniosas torturas, la lucha cotidiana de los prisioneros por su supervivencia...

Rememoraron a través de las palabras del joven, la conmovedora Navidad en los barracones, la alegría indescriptible de los que salieron ilesos —esqueletos vivientes, fantasmas con vida aún— el día que fueron liberados por los americanos.

Cuando Hans no tuvo nada más que contar, los otros permanecieron en un silencio sombrío, cargado de pensamientos y recuerdos imborrables de la memoria humana.

— ¡Mi pobre Hans! —exclamó el director—. No sé expresar la pena que siento al verte en este estado... pena y remordimiento también.

— ¿Por qué, Maestro? En el fondo obtuve, aunque pagando un alto precio, lo que probablemente nunca habría obtenido en otras circunstancias.

— ¿Qué quieres decir, Hans?

— Como víctima de guerra me dan una pensión. Con ese dinero he tenido la posibilidad de matricularme en el conservatorio.

— ¿Estudias música?

— Sí. Todavía tengo mucho que aprender, pero ya soy bastante bueno.

— ¿Por qué no te pusiste en contacto con ninguno de nosotros? —en la voz del director de orquesta de apreció un tono de afligido reproche—. ¿Por qué no me hiciste saber dónde estabas, qué te había sucedido?

— Nosotros te buscamos, —aseguró Wilhelm— pero no sabíamos siquiera tu apellido.

— Pregunté por el profesor Bruckner cuando fui liberado, y me dijeron que él... —en el rostro del joven se reflejó un gesto de espanto.

— ¿Por qué no preguntaste también por mí? —le reprochó el director de orquesta—. En esos años yo no era famoso aún, pero cualquiera habría sabido decirte dónde me encontraba.

— Sí, eso lo sabía —en los labios de Hans reapareció un esbozo de sonrisa—. Puedo decir que siempre he estado al corriente de todos sus conciertos, de cada nuevo triunfo suyo. He comprado todos sus discos, los he escuchado mil veces...

— ¡Con más razón! Por qué no...

— Maestro, usted había demostrado ser tan

bueno conmigo... No quería aprovecharme de usted.

— ¡Estupideces!

— Temía que el hecho de contarle mi historia pudiese parecerle una especie de chantaje para conmoverlo y obligarlo a ayudarme. No quería la ayuda de nadie. Sabía perfectamente que si no podía arreglármelas yo solo, sería toda mi vida una escoria humana.

— ¡Qué estupidez! —repitió el Maestro.

— Yo en cambio entiendo lo que Hans debió pensar y sentir —intervino Wilhelm—. He notado una actitud similar en casi todos los ex deportados: sufrieron demasiado en los *Lager* como para tolerar que les compadecieran después. Nuestra compasión no habría hecho más que agudizar su sufrimiento.

El Maestro permaneció en silencio unos instantes, reflexionando sobre el significado de esas palabras; luego comprendió cuáles eran las repercusiones de tan trágica experiencia en el alma humana y asintió con la cabeza.

— Te admiro, Hans —murmuró casi entre dientes—. Has demostrado tener mucho valor.

— Puede ser... pero le confieso que a veces el valor desaparece. Entonces saco mi flauta y me consuelo rápidamente.

— ¿Tienes todavía aquel viejo pífano?

— ¡Oh no! ¡Quién sabe adónde fue a parar mientras yo estaba en Mauthausen! Ahora tengo uno nuevo. No es mucho mejor que el primero... ¡No podría permitirme el lujo de comprar un instrumento de concierto! Pero para practicar en el conservatorio está bien, ¿no?

— Discúlpenme un momento.

El maestro se levantó. El secretario le lanzó una mirada y comprendió al instante, así que le acompañó fuera de la habitación a toda prisa. Tardaron un par de minutos en volver. El director de orquesta llevaba en sus manos un estuche de piel negra.

— Esto es para ti, Hans —se lo ofreció al joven, con los ojos brillantes de emoción.

Hans se quedó pasmado al ver, con los ojos desorbitados por la sorpresa y la alegría, la flauta resplandeciente sobre el terciopelo azul del estuche.

— ¿Es para mí? —murmuró, como si estuviese soñando—. ¿De verdad es para mí?

— Sí. La compré en Italia porque estaba seguro, a pesar de todo, de que te volvería a ver en Viena. ¡Me lo decía el corazón! Busqué el mejor instrumento.

Poco a poco, muy lentamente, el joven pareció reponerse de esa especie de encantamiento que le había embargado al ver entre sus manos el espléndido instrumento. Sacó la flauta del estuche, la observó detenidamente, la acarició con cariño y, casi sin darse cuenta, se la llevó a los labios...

Cuando brotaron del instrumento las primeras notas, su rostro destruido se transfiguró, raptado por una serie de sensaciones y sentimientos que no eran simplemente humanos: era el verdadero y auténtico Arte, que es divino. Sus ágiles dedos aletearon sobre la flauta, recreando la magia de aquellos trinos prepotentes y arrebatadores que el director de orquesta había oído ya, un día...

— ¡Ese fragmento de Mozart!

— ¿No lo ha olvidado, Maestro?

— ¿Cómo iba a hacerlo? Pero, por desgracia, tu sacrificio ha sido inútil. El manuscrito se habrá perdido definitivamente.

— No —rebatió Hans—. Yo sé dónde está.

— ¿Hablas en serio?

— ¿No le he dicho que conseguí esconderlo cuando me descubrieron los alemanes? Está en Kahlenberg.

— ¿Tú crees?

— Estoy totalmente seguro. Nadie ha podido tener motivos para ir a hurgar debajo de las baldosas del desván del castillo.

— Si estás tan seguro de ello, ¿cómo no intentaste recuperarlo cuando volviste a Viena?

— Lo he intentado —respondió Hans—, pero ahora Kahlenberg se halla en la zona de ocupación rusa.

— Así es —confirmó Wilhelm—, y los soviéticos no permiten la entrada a nadie.

— Y además hay otra razón, Maestro, mucho más importante aún —añadió Hans—. Deseaba que solamente usted tuviese ese manuscrito.

— ¡Iremos los dos juntos a Kahlenberg a recuperarlo, Hans!

— ¡Imposible! —exclamó Wilhelm—. ¡Ya le he dicho que los rusos no dejan acercarse a nadie!

— Veremos si es verdad lo que se dice: que la música no conoce fronteras... Esta noche —el Maestro se dirigió al secretario—, entre los que han venido a felicitarme en el concierto, he visto a un alto oficial soviético...

— Sí, en efecto.

— ¿Sabe quién es?

— El coronel Kolgujev, de la Armada Roja. Me ha dejado su nombre... Me ha parecido entender que desea organizar una recepción en su honor. Debe ser un encargado de los servicios de propaganda, o algo parecido.

— ¡Estupendo! Localícelo. Llámalo por teléfono, vaya en persona... Quiero hablar con él esta misma noche.

— Temo que no va a ser posible, Maestro.

— ¡Vamos, Alberti! —se impacientó el director de orquesta—. ¡Para usted todo es posible!

— El coronel Kolgujev es uno de los más altos exponentes del mando soviético y...

— ¡Precisamente por eso quiero verlo! ¡Entiéndalo, decláreme la guerra, haga lo que le parezca, pero consiga que yo hable con él cuanto antes!

El director volvió a dirigirse al joven ex deportado, que había permanecido escuchando anonadado:

— ¡Verás, Hans, pronto podrás tocar la continuación de ese maravilloso "concierto"!

A la mañana siguiente el director de orquesta pudo volver al Wienerwald en un poderoso jeep conducido por un mayor italo-americano, a cuyo lado iba sentado el coronel Kolgujev en persona; en el asiento posterior, junto al Maestro, iban Hans y Wilhelm.

A su alrededor, la naturaleza ofrecía un espectáculo encantador. Las encinas, fortalecidas por la savia primaveral, murmuraban agitadas por la suave brisa; por doquier brotaban flores, prepotentes en su sencilla belleza, rociando de colores deslumbrantes los claroscuros del bosque y jugando con los dorados rayos de sol que se filtraban a través de las ramas.

— ¡Qué escenario tan sugestivo! —exclamó el director de orquesta—. Se diría que es la materialización de lo que imaginaba Beethoven cuando compuso la Sexta Sinfonía.

— ¿Y los pájaros? —añadió Hans, estático—. ¡Escúchenlos! ¿No parece que están interpretando ellos también la *Pastoral*?

— El Wienerwald es uno de los lugares más bellos del mundo —afirmó Wilhelm, rotundamente.

— ¡Bah! —el oficial soviético hizo un gesto de desprecio—. No tiene nada que ver con la *taiga* siberiana.

— ¡Supongo, coronel —reaccionó el mayor americano—, que no irá a compararla con nuestros bosques de Wyoming!

— ¿No ha estado nunca en Siberia, mayor White? —desafió el ruso.

— No, ni tengo intención de ir. Creo que ya se

encarga su policía de llenar Siberia de "turistas"...

— ¡La típica propaganda sucia de los imperialistas! Yo le digo que en el mundo no hay un sitio más bonito que la *taiga*.

— ¡Venga a Wyoming si quiere saber lo que es la naturaleza!

— Sí, son lugares bonitos —afirmó el director de orquesta— pero en cuanto a maravillas naturales, deben reconocer que Italia es una obra de arte.

— ¿Pero no ven? ¿No oyen? —se acaloró Wilhelm—. ¡Esplendores como éstos sólo se pueden admirar en el Wienerwald!

— ¿A usted qué le parece, Maestro? —Hans se dirigió al músico—. Usted ha dado la vuelta al mundo y puede juzgar.

— A mí —sonrió el director de orquesta— me parece realmente magnífico que rusos y americanos, italianos y austríacos riñan sólo por la belleza de sus países. Creo que todo el mundo es un encanto si se sabe vivir en él, y que estamos auténticamente locos cuando lo estropeamos con nuestras guerras.

— ¡Tiene razón, caramba! —aprobó Wilhelm.

— ¡Mire, Maestro! —Hans señaló con la mano los lugares que reconocía—. Fue exactamente ahí, aquella noche...

Y, exactamente como aquella noche, surgieron de entre los árboles unos soldados con la ametralladora bajo el brazo; pero éstos llevaban una vistosa estrella roja en el gorro:

— ¡Alto! ¡Quietos o disparo!

— No teman —el coronel Kolgujev tranquilizó a sus compañeros—. Este es uno de nuestros puestos de control. Yo lo solucionaré todo.

El oficial y el centinela confabularon entre ellos, en ruso, luego el soldado se hizo a un lado, con un rígido saludo, y dejó paso libre al jeep.

— Puede reanudar la marcha, mayor White: todo arreglado —dijo el ruso al singular chófer—. ¿Mayor, sabe que es usted el primer americano con permiso para entrar en nuestra zona?

— ¡Es un gran honor, coronel Kolgujev! —sonrió con sarcasmo el americano—. Aprovecharé la ocasión para comprobar que aquí no hay cañones disfrazados de encinas.

— ¡Cuidado con esa raíz! —se burló el ruso—. En realidad es una barrera anti-tanques.

La carcajada de todos fue sonora. Era realmente increíble que un ruso y un americano, un italiano y dos austríacos pudieran estar juntos y sentirse amigos hasta el punto de reírse de unas cosas que, en plena tensión de la "guerra fría", creaban suspicacias y recelos que hacían pensar que la verdadera paz estaba lejos aún, era inalcanzable.

— Señores, tengo una proposición que hacer —Wilhelm reclamó la atención de los otros.

— ¡Oigámosla!

— Habría que nombrar embajadores a los músicos.

— Se dice desde hace bastante tiempo que la música no conoce fronteras...

— ¡Y es totalmente cierto! Miren cómo un director

de orquesta consigue ponernos de acuerdo...

— Eso no es nada —sonrió Hans—. ¡Deberían ver cómo sabe poner de acuerdo las trompetas y los violines, las arpas y los fagotes!

— Reconozco, Wilhelm, que su propuesta es interesante —Kolgujev siguió la broma—. Se la comunicaré al Kremlin para que la transmita a la ONU.

— Hemos llegado, si no me equivoco —el americano se detuvo ante una barrera giratoria que bloqueaba el paso, delante de un imponente edificio torreado.

— Ese es el castillo de Kahlenberg —dijo Hans, como si estuviese presentando a un familiar suyo.

— Ahora es nuestra sede —advirtió el ruso.

A una orden apremiante del coronel, los soldados de guardia levantaron con rapidez la barrera y el jeep pudo entrar en el recinto del castillo. Al ver la graduación del alto oficial, los hombres del piquete de guardia en el zaguán se cuadraron. El americano saltó del coche de un brinco ágil:

— ¿Por dónde se va?

— Según creo haber entendido, desean ir al desván.

— Así es.

— Bien, vamos. Estoy intrigado por ver qué vienen a buscar aquí dentro.

Subieron la larga escalinata helicoidal de piedra hasta una puertecita encajada en el grueso muro.

— ¿Hans, es aquí? —preguntó Kolgujev al joven.

— Sí, éste es el desván que yo decía.

— Abran —ordenó el coronel a los dos soldados que iban detrás de él.

En el muro se dibujó un recuadro más negro aún. Los hombres lo atravesaron, sintiendo una extraña sensación: era como estar entrando en el mundo de la nada. Los ojos se esforzaban por acostumbrarse a esa penumbra que sólo rompía la débil luz de la tronera.

— ¡No se ve nada aquí dentro! —protestó White.

— Enciendan una linterna.

Un rayo luminoso pasó sobre las cajas desordenadas, sobre el pavimento desvencijado, sobre los extraños trastos amontonados por doquier, sobre las telarañas que llenaban todos los huecos.

— ¡Qué desorden!

— Retiren los postigos de los tragaluces del techo.

Los dos soldados obedecieron con la acostumbrada celeridad. En el desván penetró un rayo de sol e inmediatamente todas las cosas aparecieron con un aspecto diferente: hasta las telas de araña parecían alegres adornos de finos hilos de seda multicolores bien ordenados.

— Así está mucho mejor. Pero ahora, ¿por dónde empezamos a buscar, con este caos?

— ¿Hans, logras recordar el punto exacto?

— Yo estaba en esa esquina cuando llegaron los alemanes... La baldosa que me hizo tropezar debe estar allí.

Siguiendo las indicaciones del joven, los soldados se pusieron a mover afanosamente las cajas.

— Eh, aquí hay una baldosa que se mueve.

— ¡Sí, podría ser justamente ésa! —Hans, excitado, se arrodilló para retirar la baldosa, pero sus músculos no se habían repuesto aún lo suficiente para permitirle levantar pesos, aunque fueran pequeños. Pronto tuvo que rendirse—: No puedo. El peso de los baúles que había encima de ella la ha encajado entre las otras.

Un soldado sacó su larga bayoneta, la introdujo a la fuerza en una ranura e hizo palanca; mientras los otros, inclinados sobre él, observaban su trabajo. Pronto se levantó la baldosa.

— ¡Aquí dentro hay algo! —exclamó el mayor White.

— ¡El manuscrito! —la voz del director de orquesta tembló de emoción, mientras alargaba la mano para coger la valiosa cartera de cuero.

— ¡Quietos! —exclamó el coronel Kolgujev—. ¿Qué son esos documentos?

— Mírelos usted mismo, coronel —el Maestro abrió ante sus ojos la cartera.

— Wolfgang Amadi Mozart, 16 de noviembre de 1791 —leyó asombrado el oficial soviético—... ¿Qué es esto?

— El *Concierto para flauta y orquesta*, la última composición de Mozart. En fin, el famoso "concierto" que se creía desaparecido.

— ¡No pensarán llevarse ustedes este documento!

— Hemos venido precisamente para eso —afirmó White.

— Este tesoro no saldrá de la zona soviética. Lo guardaré en depósito yo, en nombre de mi gobierno.

— Coronel Kolgujev —protestó el americano— usted no tiene ningún derecho a secuestrar el manuscrito.

— No lo secuestro: impido que se apropien de él los capitalistas.

— ¡Cuidado, coronel! ¡Informaré a mi embajada!

— ¡Haga lo que quiera! El Kremlin sabrá responder adecuadamente.

— ¡Un momento, señores! —intervino el director de orquesta—. En definitiva, el manuscrito pertenece a Hans.

— ¿No conoce las cláusulas del armisticio, *Herr Dirigent* ? —replicó el coronel—. Toda las propiedades de los súbditos enemigos serán confiscadas.

— ¡Hans no es un enemigo! ¿No ven en qué estado lo han dejado los nazis?

— En nombre del gobierno de los Estados Unidos —declaró White solemnemente— reivindico el manuscrito.

— No hay nada que hacer: ha sido hallado en zona soviética —replicó Kolgujev— y ,por consiguiente, pertenece a la Unión Soviética.

— ¡Un momento, señores! —el músico se vio obligado a alzar la voz—. ¡Yo también lo reivindico, y lo hago en nombre de la humanidad entera, en nombre de la música!

— ¡Lo que faltaba!

— ¿Qué valor tendrá este manuscrito dentro de las vitrinas de un museo de Moscú o Nueva York? Mozart compuso esta música para que se ejecutara y fuera patrimonio moral de todos los pueblos, de los rusos y los americanos.

— Sin embargo, eso no significa que... —siguió rebatiendo White.

— La música es universal, señores —el Maestro no le dejó terminar la frase— y ni la Casa Blanca ni el Kremlin pueden impedir que lo sea: es un bien común de todos los pueblos. Sí, claro que ustedes pueden secuestrar el manuscrito, ¿pero qué ganarían con ello? Yo, en cambio, tengo una idea mejor.

— ¿Cuál?

— Este concierto se podría ejecutar en Viena, en zona internacional. Será un gran concierto que mancomunará en el patio de butacas a rusos y americanos, franceses e ingleses, alemanes e italianos, vencedores y vencidos. La recaudación podría destinarse a todas las víctimas de la guerra, sin distinción de nacionalidades... Pero, sobre todo, el concierto daría testimonio de la voluntad de todos los pueblos de no volver a cometer un error tan estúpido como es la guerra.

— ¡*Okay,* Maestro, *okay* ! —el mayor White apoyó inmediatamente la idea—. ¡Estoy de acuerdo! ¡*Okay* !

— Antes de acceder, yo he de consultar con mis superiores —vaciló Kolgujev—. Pero también me parece una buena idea. ¿Maestro, dirigiría usted el concierto?

— Por esto estoy dispuesto a renunciar a todos mis compromisos.

— Tenga, Maestro, coja usted el manuscrito... y póngase a trabajar de inmediato.

13 ¡Y ahora toca!

EL anuncio del excepcional concierto bastó para suscitar en todo el mundo un extraodinario interés, y los periódicos publicaron las primeras indiscreciones.

Naturalmente, al principio la noticia apareció sólo en la sección musical y, como máximo, se ocuparon de ella los críticos para discutir si la partitura podía atribuirse realmente a Mozart: el hallazgo del valioso manuscrito desaparecido un siglo y medio atrás parecía un hecho increíble, que fue recibido con un cierto escepticismo. Intervinieron expertos, historiadores, musicólogos, grafólogos e incluso químicos que analizaron el tipo de tinta y el papel... De este modo, las declaraciones de los personajes más acreditados acallaron todas las polémicas.

Luego se apoderaron de la noticia las popularísimas publicaciones semanales —empezando, naturalmente, por las alemanas, de cuyos magníficos "servicios" fotográficos se valieron las revistas de todo el mundo— y entonces el interés del público y de los periodistas se desvió hacia los dramáticos acontecimientos relacionados con el hallazgo. La historia de Hans se publicó en todos los idiomas y, en pocas semanas, el joven ex deportado vienés se convirtió en un personaje popularísimo: un símbolo más que un héroe.

Entretanto, Wilhelm y los agregados culturales de las cuatro zonas de ocupación acordaron los pormenores y la manera de organizar el concierto, basándose en la idea surgida espontáneamente aquel día, en el desván del castillo de Kahlenberg.

El propio director de orquesta lo anunció en una rueda de prensa que reunió a todos los periodistas y corresponsales presentes en Viena:

— Hemos decidido entregar la recaudación del concierto y las sumas proporcionadas por la venta de los discos a las víctimas de todas las nacionalidades de los campos de concentración.

Hasta los más acreditados editores se inspiraron en la singular iniciativa para escribir sus artículos de fondo y nadie estimó exagerado que un acontecimiento musical se convirtiese en un acontecimiento político y social, una exaltación de la libertad; y al interés intrínseco del concierto se sumó la voluntad de dar testimonio, aunque sólo fuera con la propia presencia, de la validez de esos valores morales que el Maestro había intuido y pretendía proclamar: la paz, la fraternidad entre los pueblos, el rechazo de cualquier clase de racismo.

Desde todas las partes del mundo se reservaron entradas para el teatro —otra vez el An der Wien, dada la indisponibilidad de la Staatsoper— y en pocos días se agotaron a pesar de que, dado el carácter humanitario del concierto, los precios eran astronómicos; pero, para que todos pudiesen deleitarse con la música de Mozart, las autoridades dispusieron que se instalaran altavoces en el exterior del teatro.

Aseguraron su participación los personajes más ilustres de Europa y América, las últimas reinas y los presidentes de las nuevas repúblicas surgidas tras los tratados de paz, los más insignes políticos y economistas, actrices y artistas, los nombres más famosos de la cultura o, mucho más banalmente, de la vida mundana... ¡Hablar simplemente de "expectación" refiriéndose a ese concierto sería decir demasiado poco! El Maestro, que necesitaba tranquilidad y concentración, se retiró a su casita en la campiña umbra con un grupo de colaboradores. Fueron precisas semanas de extenuante trabajo para estudiar a fondo el manuscrito y traducirlo a las partes que correspondían a cada instrumento. Al cabo de tres meses el músico regresó a Viena, donde se hallaba reunida la gran orquesta para iniciar los ensayos bajo su dirección.

Cuando el director entró en el escenario, la mañana del primer ensayo, los músicos se pusieron en pie, no por puro formalismo, sino para expresar su plena adhesión a todo lo que significaba el peculiar concierto. No fue necesario hacer disertaciones:

— Leo en vuestras caras el compromiso que anima a cada uno de vosotros —se limitó a observar el famoso director—. No va a ser un trabajo fácil el nuestro. Tendremos que sacar de cada frase musical, de cada nota en particular, el más auténtico significado... pero confío señores, en que juntos podamos alcanzar este ambicioso resultado, ya que ése es el deseo que nos anima a todos.

— Pondremos el máximo interés, *Herr Dirigent* —respondió por todos el primer violinista.

El Maestro dirigió una mirada interrogante a su asistente.

— He revisado la orquestación —aseguró él—. Perfecta, exactamente como usted la quería. Están en orden todas las partes de todos los músicos.

— ¿Entonces, podemos empezar el ensayo?

— Cuando usted ordene.

El Maestro hizo un gesto de asentimiento con la cabeza y durante unos minutos llenaron el teatro las estridentes y grotescas disonancias de los instrumentos afinándose.

El director de orquesta tuvo unos instantes de pánico: el temor a no ser capaz de recrear la espléndida música de Mozart, a no estar a la altura de tan elevada misión, el temor de hacer un "papel" desastroso precisamente en esa ocasión... ¡Su carrera quedaría destruida para siempre! Pero en el fondo, no era en él en quien pensaba. Se volvió y en la honda oscuridad del patio de butacas, en la franja iluminada por los focos del escenario que alumbraban sólo las primeras filas, buscó a Hans. El joven estaba allí, con su rostro enjuto, el cuerpo esquelético y curvado, y una sonrisa serena en los labios, dando testimonio del excepcional valor con que había sabido vencer su pasado y afrontar su futuro.

La sosegada sonrisa del muchacho tranquilizó completamente al músico.

— Por favor, señores —golpeó suavemente la batuta contra el atril.

Gradualmente se fue haciendo un silencio cada vez más profundo, absoluto. El Maestro permaneció inmóvil unos instantes, con la cabeza agachada, concentrándose, hasta lograr apartar de su mente todos los pensamientos. Alzó lentamente los brazos, la batuta señaló el cielo; dirigió su mirada a toda la orquesta, como transmitiendo a cada músico un último mensaje, una incitación, un estremecimiento de emoción. La mágica batuta del director describió un semicírculo y repitió el prodigio de crear con los instrumentos de percusión, viento y cuerda, con los papeles pautados y los espíritus de cada uno, ese conjunto perfecto de armonía y sensaciones que es la música.

Quince días después, la batuta seguía dando vueltas en el aire; pero siempre, después de esas invisibles volutas, llegaba el momento en que bajaba de nuevo como si de pronto se hubiese vuelto pesadísima:

— No, no está bien todavía. Da capo...

Parecía que, en estos días, no sabía decir otra cosa:

— Da capo...

Las palabras con que se esforzaba en hacer comprender a un instrumentista en particular o a toda la orquesta lo que pretendía conseguir eran tan pronto breves y lacónicas como estimulantes, prolijas y persuasivas.

— Por ahora basta, señores, gracias. Reanudaremos el ensayo dentro de media hora.

El Maestro bajó de la tarima y abandonó el escenario a pasos cortos y lentos, con la cabeza agachada, absorto en sus pensamientos y planteándose también, por última vez, un problema al que estaba seguro de haber encontrado la única solución.

Se dirigió hacia el camerino seguido, como en una diligente procesión, del secretario, el asistente, el director del teatro, otros tres o cuatro personajes encargados de las tareas gravosas, y Hans, que no tenía ninguna misión, pero se sentía ligado al músico por una profunda amistad y comprendía mejor que nadie su tormento.

— Seguimos en el mismo punto —el Maestro resumió la situación cuando estuvieron todos en el camerino—. La orquesta, en conjunto, está bien, sólo falla la flauta.

— La parte de la flauta solista —recalcó el asistente— es muy trabajosa y difícil. En este "concierto" la flauta arrastra a toda la orquesta y es la que hace comprensibles los verdaderos significados de todo el fragmento.

— No creo que un simple músico pueda estar a la altura —afirmó otro.

— Hace falta un gran solista —dijo un tercero.

— ¡Un gran artista!

Todos daban su opinión:

— ¡Flautistas de valía hay muchos en el mundo!

— Y los mejores se han ofrecido espontáneamente. Estarían encantados de tocar...

— ¡Ya supongo! —saltó el Maestro—. Piensan mucho más en sus laureles personales que en el valor de este concierto.

— Ha tenido ocasión de escuchar a los mejores, los más famosos... —dijo el director del teatro tímidamente.

— ¡Y ninguno me ha satisfecho! —se obstinó el director de orquesta—. ¡Grandes técnicos, ejecutantes perfectos, pero yo quiero un intérprete, un flautista que comprenda y sepa hacer comprender! ¡De la flauta no debe salir simplemente un sonido, sino algo espiritual!

— Pero en ese caso, Maestro —fue el director del teatro quien expresó con palabras, aunque a regañadientes, lo que todos los demás pensaban— en ese caso no hay alternativa: o se vuelve a tomar en consideración a uno de esos flautistas a los que ya hemos escuchado o se suspende el concierto.

— Nada de eso —replicó el director de orquesta en un tono que volvía a ser tranquilo y sereno, cortés pero muy firme—. Ya he tomado una decisión y les aseguro que la he madurado en profundidad. La flauta solista será Hans.

— ¿Hans?... —el asistente no supo expresar sus reservas más que con esa pregunta de asombro.

— ¿Yo?... —en el repentino silencio provocado por el desconcierto en el camerino, se oyó la voz del joven flautisa, no menos asombrado y perplejo que los demás—. ¡No es posibles, Maestro! Ni siquiera me he diplomado. Sólo estoy en quinto curso de conservatorio... ¿Cómo iba a hacerlo?

— Hans tiene razón —el director del teatro tomó la palabra rápidamente—. *Herr Dirigent,* usted sabe mejor que yo que el joven Hans es muy buen músico, pero todavía no está preparado para enfrentarse a un debut tan comprometedor. El buen resultado de la ejecución depende en gran parte de la flauta.

— ¡Pero yo no quiero una simple ejecución! —rebatió el Maestro—. ¡Quiero una interpretación, una gran interpretación!

— Con más razón, entonces...

— No sabría qué hacer con un flautista capaz de jugar con su instrumento como un prestidigitador, pero que no lleva nada dentro. ¡Quiero un flautista lleno de sentimiento y que sepa exteriorizarlo todo, nota a nota!... ¡En resumidas cuentas, quiero a Hans!

— Maestro, me siento halagado —objetó el joven—... De verdad no sé cómo agradecerle su fe en mí... Pero yo también estoy seguro de no estar preparado todavía. Ya me siento un poco incómodo aquí, entre ustedes, con que en una orquesta, entre profesores mucho mejores y más expertos que yo...

— ¡Estupideces, Hans! —le interrumpió el director—. Deja que sea yo quien juzgue si estás o no a la altura... ¡y lo estás, por las barbas de Wagner! Nadie sabe mejor que tú lo que esa música significa para ti, para mí... ¡Por otra parte, ya la has tocado muchísimas veces, en solitario y en mi presencia!

— ¡Pero sería muy distinto hacerlo ante un

público semejante y en una ocasión tan excepcional!

— No, Hans. Bastará con que no tengas preocupaciones cuando estés tocando. Tendrás que tocar como cuando estás solo y tocas para alejar la tristeza... ¡Esto sabes hacerlo, Hans! ¡Y mejor que cualquier otro!

— Sí, Maestro...

— Además, lo tengo decidido, Hans —el músico atajó las objeciones del joven flautista— y ni siquiera tú lograrías convencerme de que mi decisión no es la mejor.

El Maestro se dirigió a su asistente:

— Siga usted ensayando con la orquesta; yo me dedicaré a Hans. Espero poder reanudar pronto los ensayos generales.

— Se levantó e hizo un gesto al joven flautista: — Ven conmigo. No podemos perder ni un solo minuto.

Transcurrieron otras muchas jornadas repletas de compromisos, citas, encuentros y trabajo.

Desde el salón del apartamento que ocupaba en el Sacher, el director de orquesta oía el sonido a veces dulce y a veces agudo de la flauta. En la habitación contigua Hans ensayaba sin descanso, con obstinación, los pasajes más complicados de su "solo", atascándose en las notas e interrumpiéndose para recomenzar desde el principio.

Al Maestro, concentrado en el estudio de la partitura, ese sonido le resultaba enervante, deprimente. Cada vez hallaba más dificultad en concentrarse en los problemas interpretativos; al final, con un arrebato nervioso, tiró las hojas de música que llenaban su escritorio y se levantó.

Entró en la habitación contigua como una avalancha. Hans estaba frente al atril, casi escrutando unas notas que no conseguía distinguir. En sus ojos se reflejaba una íntima tristeza. Su rostro expresaba un profundo desaliento.

Al ver entrar a su protector, depuso la flauta:

— ¡No lo consigo, Maestro, no soy capaz de hacerlo! —dijo con un tono afligido—. Este "solo" es demasiado complicado para mí.

— Si seguimos obstinándonos, lo único que conseguiremos es perder más tiempo —intervino el asistente, que seguía el trabajo del joven flautista, movimiendo la cabeza de una manera significativa—. Hans es un músico nato, pero le falta técnica aún.

— ¿Técnica?... —el Maestro desorbitó los ojos como si hubiese oído una palabra obscena, una herejía.

— Tendrá que estudiar muchos años todavía para poder dominar una "pieza" tan difícil. Hay tres o cuatro pasajes... En fin, Maestro, llevamos horas ensayándolos, pero Hans no conseguirá ejecutarlos correctamente aunque siga ensayando durante meses y meses. Le falta técnica y experiencia.

El director de orquesta apartó la mirada, llena de ira reprimida y de impotencia, del flautista para mirar a su asistente. Apretó el puño hasta casi clavarse las uñas en la palma de la mano.

— ¿Qué historias son esas? —explotó—. ¿Qué clase de disparates dice sobre la técnica y la experiencia? ¡Lo que hace falta es algo muy distinto!

Avanzó hasta el atril. Tomó las hojas de música que estaban abiertas sobre el mismo, hizo una pelota con ellas y las tiró.

— ¡Y ahora toca, Hans!

— ¿Sin... sin música?

— ¡Sin hojas de música, sí, por las barbas de Wagner! ¡Y sin experiencia, pero como tú sabes tocar, con toda el alma! ¡Toca lo que sientes en tu interior!

— Maestro, yo...

— ¡Escucha, Hans! No debes pensar en el concierto, sino en la música, en lo que la música te dice. No debes preocuparte de nada más. ¿Recuerdas aquel día, cuando viniste al ensayo y tocaste con la flauta del pobre Tieck?... ¡Así es como quiero que toques hoy también!

— Sí, Maestro, lo intentaré.

El joven volvió a coger el instrumento. Las notas salieron de él débiles e inciertas... El asistente, desde su butaca, agitó la cabeza con una melodramática resignación:

— Nada que hacer, Maestro.

El director le hizo callar con una mirada fulminante:

— ¡Déjele tocar, por las barbas de Wagner!

Hans se interrumpió y miró al techo para relajarse, para concentrarse. Se volvió a llevar la flauta a los

labios y esta vez las notas surgieron como un gorjeo fresco, alegre, arrebatador.

— Muy bien, Hans —el Maestro aplaudió con entusiasmo cuando terminó—. ¡No espero más de ti! ¡Nada más!

— Muy bien, realmente —dijo también el asistente, aunque con una sonrisita extraña—, aunque esa especie de tarantela no tiene nada que ver con el *Concicrto para flauta y orquesta*. Al menos con el que nosotros estamos ensayando en el teatro.

El director de orquesta quedó turbado con la observación: no podía negar que tuviese un fundamento. El "concierto" que estaba aprendiendo a tocar toda la orquesta era triste, acongojado, lleno de melancolía; la música de Hans era animada, despreocupada y hasta burlona como la del flautista de Hamelín.

— Sigue ensayando —murmuró al salir de la habitación.

Tenía una tremenda necesidad de estar solo, de reflexionar.

A pesar del gran empeño de Hans y de cada músico en particular, los ensayos no dieron el resultado que el director de orquesta esperaba. Más de una vez las reuniones en el escenario en penumbra resultaron tempestuosas.

— ¡No, no, no! —el director interumpió a la orquesta, en un arrebato de rabiosa obstinación— ¡Todavía estamos muy lejos de conseguir el resultado que me propongo alcanzar!

— Maestro, llevamos semanas ensayando —protestó el asistente—. Pruebas lentas, meticulosas, extenuantes para todos...

— ¿Y bien...?

— ¿Puedo expresar con franqueza mi parecer?

— ¡Adelante!

— La composición es la que es. No podemos ejecutarla mejor de lo que lo hacemos. Tendremos que conformarnos con lo que hay.

— ¡Eso es una barbaridad!

— Estamos persiguiendo una perfección imposible —afirmó el asistente—. Si continuamos así, correremos el riesgo de que llegue la noche del concierto sin haber ensayado lo suficiente la partitura entera. ¡Llevamos muchos días repitiendo sólo los primeros pasajes!

— Aplazaremos el concierto, si es necesario.

— ¡No es posible! —exclamó el director del teatro, alarmado—. ¡Usted sabe igual que yo que no es posible, Maestro! El concierto está ya en las agendas de hombres importantes, de personajes ilustres... ¡No podemos aplazarlo siquiera un minuto!

— No se puede mejorar lo que ya es perfecto —insistió el asistente.

— ¿Perfecto? ¡En absoluto! —replicó el director—. ¡Lo único que hemos conseguido sacar de la partirura los sonidos... sonidos fríos, melancólicos e incluso aburridos dentro de su sombría tristeza!

— ¿Cómo podría ser si no una música compuesta, se puede decir, a punto de morir? Cuando escribió este concierto, Mozart era totalmente consciente de que se estaba acercando rápidamente al final de su corta vida.

— Estoy seguro de que no es ése el espíritu de la obra de arte que hemos tenido la fortuna de hallar. ¡Mozart no temía a la muerte!

— Perdona que me atreva a intervenir... —llegó una voz familiar desde el patio de butacas en penumbra.

— ¡Profesor Wittelsbach! —exclamó el director, asombrado de ver al famoso musicólogo—.Ven. ¿Has asistido al ensayo?

— Sí, estoy impaciente, como todos, por conocer el "concierto" de Mozart. No he sido capaz de esperar hasta el día del concierto.

— Estoy realmente contento de verte. Precisamente estaba pensando en consultarte. Tengo en gran estima tu opinión.

— Yo creo que tiene razón tu asistente —dijo el musicólogo con franqueza—. He estudiado a fondo la partitura, he asistido a los ensayos... Mi opinión es que tú ejecutas a la perfección la música de Mozart, e incluso logras exteriorizar su espíritu.

— La sucesión de las notas tal vez —replicó el Maestro—... ¡pero tengo la seguridad de no reflejar el ánimo de quien las puso en el pentagrama!

— No se puede sacar nada más de este "concierto".

— ¿Tú que dices, Hans? —el director se dirigió al joven flautista.

— No sabría qué decir, Maestro. Sólo sé que

haría bien cediendo mi flauta a otro.

— ¿Por qué, Hans?

— No es fácil de explicar, Maestro. Tengo la impresión de que, en un momento determinado, mi flauta va por un lado y la orquesta por otro. No tengo aún la experiencia suficiente para tocar en una gran orquesta. Lo mejor que puedo hacer es marcharme.

El Maestro aparentó no haber oído la última afirmación del joven.

— Tus impresiones son totalmente exactas, Hans; pero, si eso sucede, no depende de ti. Tu sensibilidad logra comprender lo que todos nosotros no somos capaces de intuir siquiera. Somos nosotros los que nos hemos equivocado, no tú.

— ¡Lo que faltaba por oír! —exclamó el asistente.

— ¡Pues sí, señores! —insistió el director con aflicción—. En nuestra manera de interpretar este "concierto" hay un mensaje que queda sin expresar.

— ¿Es que tiene que haber necesariamente un "mensaje"?

— ¿Qué clase de música sería si no dijese nada? La música, y mucho más la de un grandísimo autor como Mozart, no es un simple ejercicio para nuestras membranas auditivas, un cortés regalo para nuestros oídos.

— Entonces, según usted —el gesto y la actitud del asistente se hacían cada vez más polémicos—, ¿qué diablos debe decir este "concierto"?

— No lo sé, pero hay un mensaje que Hans

puede captar y nosotros aún no.

— ¡Entonces deje que dirija la orquesta su flautista! —el asistente se impacentó hasta el punto de volverse irrespetuoso.

— ¡Si fuese capaz de hacerlo! —el Maestro no se ofendió por el ataque hiriente—... Si supiese dirigir, seguramente lograría hacer que nosotros entendiéramos lo que siente.

Golpeó contra el atril la batuta de madera para reclamar la atención de los músicos:

— Señores, sé que están ustedes cansados y nerviosos, pero he de apelar una vez más a su paciencia y a su buena voluntad. ¡Créanme, no lo hacemos bien!

— No olvide que el concierto será dentro de siete días —repitió el asistente—. ¿No sería mejor avanzar, sin tantas incertidumbres?

— Todo saldrá con fluidez una vez yo haya logrado comprender lo que quería expresar Mozart.

— ¡No tenemos tiempo!

— Se suspende el ensayo —ordenó el director con decisión—. Reanudaremos mañana.

— ¿Suspender?... ¡Se podría avanzar mucho hasta la noche!

— Pero temo dirigir erradamente. A costa de estar hojeando documentos durante toda la noche, mañana por la mañana tendré las ideas más claras. ¡Señores, el ensayo ha terminado! —afirmó—. Nos veremos mañana a la misma hora.

— ¡Está bien! ¡Como usted quiera! —tuvo que

rendirse el asistente.

El director bajó apresuradamente de la tarima y se marchó con Wittelsbach.

— Tienes que ayudarme —le dijo en voz baja.

— De buena gana, ¿pero cómo? —respondió el musicólogo—. Ya te he dicho mi opinión: vas detrás de una liebre que no existe.

— He de comprender absolutamente cuál era el estado de ánimo de Mozart en sus últimos días, cuando compuso este "concierto" —insistió el director de orquesta—. Reconstruir minuto a minuto su vida, sus emociones y sus sentimientos para comprender lo que le inspiró, para adivinar qué sensaciones se agitaban en su espíritu.

— Todo eso es muy laudable, pero —replicó el musicólogo con una sonrisa elocuente—. No es una empresa fácil, en tan poco tiempo.

— ¡Hemos de lograrlo!

— Entonces, vamos al museo de Mozart —decidió el profesor Wittelsbach tras una breve reflexión—. Quizás allí podamos encontrar algo. El museo ha sido instalado en la que fue la última morada vienesa de Mozart, en el número ocho de Rauhensteingasse. Se conservan muchos objetos que pertenecieron al músico, donados por sus herederos, recuperados en las tiendas de antigüedades o comprados a los coleccionistas que los habían acaparado; y muchos han sido vueltos a colocar casi en la misma posición original. Pero podrás encontrar muchas más reliquias y documentos en el Mozarteum de Salzburgo: la ciudad natal del gran compositor ha querido dedicar a su célebre hijo un auténtico templo de devoción.

— ¿En qué época vivió Mozart en Rauhensteingasse?

— En los dos últimos años de su vida, desde 1790 hasta el 5 de diciembre de 1791, cuando murió.

— ¿Entonces compuso allí su "concierto"?

— Sin ninguna duda.

— ¡Vamos allá! Encontraremos el cabo de la madeja.

14 El atril abandonado

EL director de orquesta dio un vistazo a su alrededor, por enésima vez, con una expresión cada vez más perpleja. Se volvió a fijar en el espléndido atril de caoba, de cuatro caras, situado en una esquina de lo que debió ser el salón. Las trémulas llamitas del candelabro de plata colocado sobre el mueble alumbraban las grandes hojas manuscritas de los seis "cuartetos" que Mozart había dedicado a Haydn.

Alrededor —a la distancia exacta, como si los músicos acabaran de levantarse— había cuatro sillas de respaldo dorado, sobre cuyos asientos de terciopelo se encontraban dos violines y una viola; el cuarto instrumento, un violonchelo, estaba apoyado en la pared, al lado.

— Estos instrumentos son de la época —comentó el profesor Wittelsbach—, pero eso es todo lo que se puede decir acerca de ellos. Los verdaderos están en Salzburgo, tanto el violín en el que Mozart aprendió a tocar de niño, como el precioso violín de concierto con el que se exhibía en los teatros y en las salas de las cortes reales. Están asimismo en Salzburgo, en el Mozarteum, la viola y el piano de concierto.

El director escuchaba distraídamente al amigo: estaba claro que su voz era sólo el fondo sonoro de sus pensamientos.

— Parece un poco ingenuo —afirmó distraído— el cuidado con que se han esforzado los que han instalado este museo en colocar las valiosas reliquias para dar la impresión de que todo ha permanecido, a lo largo de siglos, como Mozart lo dejó.

— ¿Por qué haces esta afirmación? —Wittelsbach le miró con curiosidad.

— A decir verdad ese atril no podía estar ahí en las últimas semanas de vida del compositor, de la misma manera que nadie pudo dejar ahí sus instrumentos.

— Sí, tienes razón —asistió con una sonrisa triste—. En aquella época Mozart no tenía ya amigos y a nadie se le habría ocurrido perder el tiempo tocando con él uno de sus "cuartetos" para cuerda. Su suerte le había traicionado, era un hombre cuyos ideales no habían sido comprendidos, cuya valía no había sido apreciada, es más, se discutía o incluso se negaba. Era un hombre rodeado de enemigos envidiosos, acosado por los acreedores, obligado a aceptar los trabajos más humillantes para poder comer, poniendo todo su arte en obras que, como el *Concierto para flauta*, y al menos según las noticias que tenemos, nadie oyó.

El director de orquesta miró hacia otro lado y vio la mesita ovalada adosada a la pared, con la pluma de oca dentro del tintero de bronce; luego se fijó en una esquina de la habitación, presidida por un pequeño retrato al óleo de una mujer de una belleza sombría y meditabunda. Representaba a Constanza Weber, con quien Mozart se casó en 1782 y a la que amó tiernamente durante toda su vida, a pesar de las vicisitudes dramáticas de su matrimonio. "Estanci", como llamaba el compositor a su mujer, había sido retratada con traje de cíngara, según una costumbre de aquella época.

El director de orquesta apartó la mirada, desilusionado. ¡Era inútil! Ese ambiente, vistosamente falsificado para deleite de turistas curiosos, a pesar de hacer gala de una presuntuosa naturalidad, no era capaz de trasmitirle ninguna sensación y de nada había servido encender las velas que había sobre la mesa y el atril para recrear la atmósfera.

— ¡Nada! ¡Todo inútil! —exclamó en voz alta—. No logro sentir nada.

— ¿Y qué esperabas sentir? —le preguntó Wittelsbach.

— No lo sé ni yo siquiera. Esperaba que aquí, en la casa en que Mozart vivió sus últimos años y compuso sus últimas obras, hubiese algo que me hiciera comprender...

— En mi opinión, te repito, no hay nada que comprender más que lo que aparece escrito en el pentagrama.

— ¡Notas, simples notas!... No, un genio como Mozart, en un momento tan especial de su vida, no pudo componer una música tan árida, tan fría.

— Tan fría como la muerte —le hizo notar el musicólogo—. Mozart, cuando estaba componiendo su "concierto", sabía que estaba minado por la enfermedad y que su muerte estaba próxima.

Sin prestarle atención, el músico continuó dando

vueltas por el apartamento.

Volvió a la pequeña habitación donde, contra la pared del fondo, se hallaba encajada una espineta, antecesora del piano. De día, una pequeña ventana, en lo alto a la derecha, debía dejar pasar los rayos del sol que iluminaran justamente el teclado.

Las paredes estaban completamente desnudas, a excepción del cuadro colgado encima de la espineta. Era un retrato de Carl y Wolfgang, los únicos hijos supervivientes de los seis que Mozart tuvo con Constanza, entrañablemente abrazados.

El Maestro reflexionó un instante sobre esa coincidencia: el retrato de Constanza colgado junto al atril, de manera que Mozart lo tuviese siempre ante sus ojos cuando tocaba, y el retrato de los hijos sobre la espineta... Pero eso demostraba únicamente que el compositor había sido un marido y un padre enormemente afectuoso.

Rozó ligeramente las teclas con un dedo.

— ¿Esta espineta estuvo siempre aquí? —preguntó.

— Sí —confirmó Wittelsbach—. En este instrumento Mozart compuso *La flauta mágica* y el *Requiem*.

— Así pues, es de suponer que compusiera también nuestro “concierto”.

— Casi con seguridad. Esta espineta es una reliquia de un valor incalculable: se hacen milagros para conservarla en perfecto estado.

— ¿Puedo probarla?

— El director del museo te ha autorizado a hacer todo lo que quieras.

El músico se sentó en el taburete y pulsó las teclas con sus manos hábiles, tocando ese fragmento del "concierto" que había oído por primera vez en la flauta de Hans; pero se interrumpió bruscamente tras una disonancia:

— ¿Esta espineta ha estado siempre aquí? En esta esquina oscura, quiero decir.

— ¡Sí!

— ¿Estaba exactamente aquí cuando Mozart la usaba?

— Sí, no se ha tocado nada, dentro de lo posible, salvo algunos muebles de escasa importancia y los objetos traídos a este museo en épocas posteriores. ¿Te importaría decirme por qué te interesas tanto por esta espineta?

— Ese cuadro en la pared...

— Son Carl y Wolfgang, los dos hijos de Mozart.

— Sí, lo suponía. ¿Se puede apagar la luz eléctrica?

— Sí, pero nos quedaremos a oscuras.

— Encenderemos también esos candelabros —insistió el director de orquesta—. Quiero recrear la atmósfera de entonces.

— Como desees —Wittelsbach agitó la cabeza, perplejo.

A la luz de las velas, el músico se volvió a sentar ante la espineta y tocó algunos acordes, absorto.

— Siento una extraña sensación al estar sentado aquí —murmuró—. Estoy envuelto en una oscuridad total y las velas solamente iluminan el cuadro.

— No me sorprende que ese retrato haya sido colocado precisamente en ese punto —dijo el musicólogo—. Mozart mostraba un afecto entrañable y profundo hacia sus hijos y su mujer.

— La mirada del chico mayor —observó el Maestro— parace posarse en el músico que toca la espineta, con una sonrisa serena. Mozart, cuando componía, debía sentir sobre sí esa mirada, como yo la siento.

— Esa puede ser también una explicación de la profunda tristeza que inspira el "concierto". Mozart sabía que pronto, en el plazo de unas semanas, iba a dejar solos a sus hijos. Una misteriosa enfermedad minaba a gran velocidad su físico... Si lo que componía reflejaba sus sentimientos, como tú supones, no podía estar alegre, despreocupado... como máximo estaría resignado.

— Pero yo no encuentro resignación en el "concierto". Hans también experimenta mis mismas sensaciones, visto que tiende a interpretarlo sin pesar y sin melancolía.

— Eso no prueba nada —subrayó Wittelsbach.

— Pero, por lo menos, responde a una cierta lógica —se obstinó el Maestro—. Un compositor como Mozart no puede ser juzgado del mismo modo que un mortal cualquiera. Su espíritu no era comparable a nuestros mezquinos sentimientos. ¡La música le había llevado a un mundo mucho más elevado y luminoso!

— La muerte...

— Sólo los mediocres la temen.

— Mozart la temía. ¡Es más, estaba obsesionado con ella!

— No puedo creerlo.

— Sin embargo, es así. Tenemos numerosas pruebas de ello. Los psicólogos nos demuestran que hasta el alma más noble puede ceder a la autosugestión.

— ¿Qué quieres decir?

— En julio de 1791, Mozart recibió la visita de un desconocido: un señor alto, delgado, palidísimo, vestido completamente de negro: fue el mismo músico quien le describió así. El desconocido encargó a Mozart una "misa de réquiem" y le entregó un anticipo. Mozart, naturalmente, preguntó de quién provenía el encargo: el visitante le advirtió que no tratase siquiera de descubrir su nombre. Por otra parte añadió que jamás lo lograría.

— ¡Qué tétrico misterio! —sonrió el Maestro.

— Sin embargo —subrayó el musicólogo— puede esclarecer al menos la cuestión que te obsesiona.

— ¿Esclarecer en qué sentido?

— Mozart, no obstante la advertencia, hizo todo lo posible por descubrir quién le encargaba el *Requiem*. No lo logró, a pesar de intentarlo por todos los medios.

— Pero nosotros sabemos —rebatió el Maestro— que el encargo provenía del conde Franz von Walsegg.

— Sí, un extraño personaje, riquísimo y poderoso. Tenía el hábito de hacerse pasar por músico y solía comprar toda clase de composiciones, totalmente de incógnito, para hacerlas interpretar en su castillo de Stuppach y presentarlas como músicas de su propia creación.

— Sí, eso ya lo sabía. Para mí no es un misterio.

— ¡Pero para Mozart sí lo era! Poco antes de su visita fue cuando el músico empezó a sentirse mal hasta el punto de abandonar a la mitad los ensayos de *La Flauta mágica* y pedir un sustituto.

— ¡Continúa!

— Mozart no tardó en dejarse obsesionar por la idea de que el misterioso visitante vestido de negro era la muerte, que había venido a avisarlo de su próximo final. Se convenció, y lo repetía a menudo a sus amigos, que la misa fúnebre que había empezado a componer por encargo iba a ser interpretada en su propio funeral.

— Podría tratarse de una simple anécdota, como otras muchas.

— No, es la realidad. Tenemos más de una prueba de ello.

— Me has hablado ya en varias ocasiones de esas pruebas. ¿Se puede saber cuáles son?

— Por ejemplo, la carta que Mozart escribió tres meses antes de morir a Lorenzo da Ponte, su libretista y amigo. La original ha desaparecido; en el Mozarteum de Salzburgo hay una transcripción de la misma, una copia manuscrita, de la cual debe haber una fotografía aquí, en los archivos.

— Me interesa leer esa carta.

— Voy a intentrar localizarla.

A esas horas no quedaba ya ningún empleado en el museo, a parte del guarda, por lo que Wittelsbach hubo de ir en persona a rebuscar en los grandes cajones metálicos, pero su trabajo de estudioso le había obligado tantas veces a hacer investigaciones de ese tipo que supo arreglárselas muy bien. De hecho, al cabo de unos minutos encontró lo que buscaba.

— ¡Aquí está! ¡El famoso "documento Da Ponte", como se denomina, aunque no es en absoluto cierto que el destinatario fuese efectivamente el libretista. El argumento principal a favor de los que sostienen esta hipótesis es que, como puedes ver, la carta está escrita en italiano, por lo que es muy probable que fuera dirigida a un italiano; y Da Ponte, en aquel período, era uno de los pocos que mantenían buenas relaciones con el compositor.

— ¡Deja que la lea! —el director de orquesta se sentó en una butaquita, totalmente concentrado en la lectura, como intentando encontrar con la fuerza de su voluntad todos los significados secretos. Pasó por alto muchos párrafos, pero leyó y releyó algunas frases:

Tengo la cabeza trastornada, sin fuerzas, y no puedo borrar de mi memoria la imagen de ese desconocido. La veo continuamente, él me ruega, me apremia y me pide insistentemente el trabajo. Continúo porque componer me cansa menos que reposar. Otra parte, ya no tengo nada mas que temblar...

— ¡Qué extraño! —exclamó alzando la vista—. "Otra parte" en vez de "por otra parte", "mas" sin acento, un "temblar" que probablemente quería ser "temer"... Tres errores que Mozart no pudo haber cometido. Desde que era un niño Mozart hablaba y escribía un italiano casi perfecto. —Entretanto, el director hurgaba entre los otros documentos que contenía la cartera. —¡Sí, he aquí esta carta, por ejemplo!

— Mozart la escribió de su puño y letra a su hermana, desde Verona, el 7 de enero de 1770... —afirmó el musicólogo.

— ¡A los catorce años! ¡En aquella época muchos italianos doctos no habrían sabido escribir tan correctamente y con tanto esmero! Escucha...

Cuando fuimos a la Ópera la última noche (que con certeza no será la última vez) hicimos subir a Monsieur Ruesler a nuestro palco, ya que teníamos a nuestra disposición el palco del marqués Carlotti y nos habían dado la llave del mismo, y estuvimos conversando con él. ¡A propósito, ahora va todo el mundo "enmascarado" y es tan cómodo! Cuando se lleva el antifaz en el sombrero (la capellina), se tiene el privilegio de no quitarse el sombrero si alguien saluda, y de no llamar a nadie por su nombre, sino sólo "servidor humildísimo, señora máscara"...

— Ya te he dicho que el "documento Da Ponte" es sólo una copia —comentó Wittelsbach— y a un copista austriaco se le puede perdonar la omisión de alguna preposición y de algún acento, en una lengua que no es la suya. ¿Pero de lo demás, qué opinas?

— Todo esto —objetó el director— no expresa el ansia del artista por concluir su trabajo; o también la insistencia por parte de quien hacía el encargo de recibir lo que ya había pagado en parte.

— Continúa leyendo —incitó el musicólogo—. Encontrarás una frase más significativa.

El Maestro siguió leyendo:

Siento la sensación que experimento: estoy a punto de expirar; he terminado antes de gozar de mi talento; ¡llega la hora!...

Casi creando un dramático comentario sonoro a esas frases, un reloj de péndulo dio la hora.

— Estoy a punto de expirar... —repitió el Maestro pensativo, para sí.

— Exactamente como te había dicho —afirmó Wittelsbach—. ¿Y la conclusión de la carta?... "Este es mi canto fúnebre: no he de dejarlo incompleto."

— Esa es la afirmación de que el músico sabía efectivamente que iba a morir; pero es lo único que hemos podido deducir hasta ahora. ¿Qué me aconsejas hacer, Wittelsbach?

— Permanezco fiel a mi opinión. El "concierto" es lo que se transparenta en las notas: un canto fúnebre, compuesto teniendo ante los ojos el retrato de los adorados hijos. La inspiración partió de la tristeza del adiós.

— Otro *Réquiem*...

— El desahogo de un alma torturada —asintió el musicólogo—. La confesión afligida de una persona, un niño prodigio aplaudido en toda Europa a los siete años, que con sólo treinta y seis veía concluirse su breve existencia... y concluirse en el abandono, entre la enfermedad y las deudas.

— Sí... eso parece.

— Créeme, el "concierto" —insistió Wittelsbach— no contiene nada más ni otra cosa diferente a lo que dicen las notas. Además, ¿no dicen ya bastante? ¿Qué mejor testamento espiritual podría haber dejado un artista con una vida tan corta y atormentada?

— Sí, tienes razón. He de rendirme ante la evidencia.

— Reanuda tranquilamente los ensayos, sin crearte excesivos problemas...

— Sí, tienes razón —asistió el Maestro—. Así lo haré.

Pero a la mañana siguiente, a pesar de su resignación, el Maestro tampoco pudo aceptar los sonidos que la gran orquesta sacaba de la partitura.

— ¡Basta! ¡Basta ya! —exclamó, interrumpiendo una vez más el ensayo—. ¡Ésta no es la música de Mozart!

— Director... —intentó protestar el asistente.

— Estamos falseando lo que Mozart pretendía expresar. No puedo creer que...

— ¿Y bien, *Herr Dirigent,* qué debemos hacer? Si no basta con traducir a música la partitura lo más escrupulosamente posible...

— Se suspende el ensayo.

— ¿De qué servirá perder más tiempo?

— Sólo hasta mañana. Quiero hacer un último intento. ¡He de hacerlo! Si tampoco esta vez logro que algo me ilumine, reanudaremos los ensayos mañana por la mañana y seguiremos adelante hasta la última nota; pero antes he de hacer este último intento.

— Está bien. Señores, se suspende el ensayo. Hasta mañana.

— Tú vendrás conmigo, Hans —ordenó el Maestro al joven—. Tráete tu flauta.

— Sí... ¿pero adónde vamos?

— No lo sé aún con precisión; ¡tú sígueme!

15 Un canto de esperanza

DE día el museo no era muy diferente. Las salas estaban en penumbra, ya que unas pesadas cortinas cubrían las ventanas, y los visitantes no eran más numerosos que por la noche. El Maestro y el flautista, acompañados por el director del museo, eran en realidad las únicas personas que se hallaban en él en ese momento.

Sentado ante un escritorio, el músico hojeaba con anhelo los documentos que el director había puesto cortésmente a su disposición, pero sus bruscos modales acabaron provocando el comprensible enojo del acompañante:

— ¡Por favor, *Herr Dirigent,* usted trata estas reliquias como si fuesen páginas de periódico!

— Discúlpeme, tengo los minutos contados.

— Si al menos me dijese con precisión lo que está buscando...

— Una carta que escribió Mozart en septiembre de 1791, en italiano. Estoy seguro de que el profesor Wittelsbach la sacó de uno de estos cajones...

— ¡Ah, el "documento Da Ponte"!

— Sí, exactamente ése.

— Si me lo hubiese dicho antes... He aquí la carta.

El director leyó el documento varias veces, pero no consiguió sacar ninguna inspiración, ninguna idea nueva. Los numerosos errores de ortografía le parecían más chocantes aún que el día anterior. Sí, como le había dicho el profesor Wittelsbach, para los alemanes el italiano es una lengua difícil, y su escritura resulta enormemente complicada por las diferencias caligráficas, por los caracteres angulosos del alfabeto gótico y los redondeados y fluidos del alfabeto latino. Pero Mozart conocía el italiano casi a la perfección, tras sus prolongadas estancias en Roma, Florencia, Verona y otras ciudades; además el director de orquesta había visto con qué facilidad incluso Hans había aprendido, no se sabe cómo ni con quién, a hablarlo pronto y bien.

— ¿Existe la absoluta seguridad —preguntó el músico— de que esta copia es idéntica a la original?

El director del museo casi se ofendió. Señaló con un dedo regordete una esquina de la última página:

— Mire esto: ¡aquí está la firma del copista y el sello de convalidación del notario!

— Discúlpeme, no lo dudaba lo más mínimo. Sé que ustedes, los austríacos, son muy escrupulosos en estas cosas...

— El original de este documento —replicó el otro, con bastante frialdad— ha sido sometido a todas las verificaciones pertinentes: la tinta y el tipo de papel confirman que fue escrito en la primera mitad del siglo XIX. Desde entonces, este documento ha sido estudiado, examinado, sopesado, verificado por nuestros más cualificados musicólogos. No logro entender qué más desea descubrir usted.

— No sé, no lo sé bien —confesó el director de orquesta—. En las palabras de Mozart hay algo que me ha chocado... algo que intuyo en mi subconsciente, pero que no sé expresar.

El director del museo hizo un movimiento de cabeza cuyo significado podía entender cualquiera.

— Perdone, pero tengo un trabajo urgente que realizar en mi despacho —dijo—. Le dejo con sus investigaciones.

El Maestro siguió leyendo la carta, meditando cada frase y sopesando cada palabra. Hans, que atisbaba por encima de su hombro, estaba más desconcertado que curioso.

— ¿Cuáles son las palabras que le han chocado? —preguntó.

— No sé decirte. Pero la frase que Wittelsbach considera más significativa es ésta —el director de orquesta señaló con su delgado índice unos renglones.

Hans leyó con atención, con el ceño fruncido, mientras el Maestro le miraba a la cara, como para captar su más mínima reacción:

La vida era tan bonita, la carrera se auspiciaba tan prometedora, pero no se puede variar el propio destino. Nadie mide sus propios dias, es necesario resignarse, será lo que la providenzia designe, aquí termino mi canto fúnebre, no he de dejarlo inacabado.

— Viene a decir —comentó Hans, encogiéndose de hombros—, que nada puede cambiar los designios de la naturaleza.

— Ya —hubo de convenir el director de orquesta—. Ciertamente, pero esos errores de ortografía, "días" sin acento y "providencia" con "zeta", son errores del copista, por lo cual, error más o error menos...

— El estado anímico de Mozart en aquellos días —consideró el flautista—, estaba completamente embargado por la tristeza y la resignación.

— ¡No, me niego a creerlo! —saltó el Maestro—. ¿Entonces por qué tú, instintivamente, interpretas la partitura con ligereza, con soltura y hasta con alegría? Al escucharte, me parece ver a Mozart enfrentándose a su suerte con alegres pasos, no arrastrando los pies con pesadumbre como un condenado al patíbulo.

— Pero mi interpretación no tiene ningún valor, Maestro —objetó Hans si falsa modestia—. No conozco la música hasta el punto de tener que ser tomado en serio.

— ¡Yo sin embargo tomo en serio, muy en serio, tu sensibilidad! ¡Si tú no tuvieses un talento fuera de lo normal para la música, no debutarías como solista en una ocasión de tanta importancia!

— Mi mayor tormento, Maestro —replicó el joven sin sentirse halagado— es que temo defraudarle. Estoy seguro de que le obligaré a recapacitar sobre mis facultades.

— ¡No digas tonterías! Responde a esto: ¿es posible que un Mozart, que ha demostrado ser capaz de componer música tan sublime, tenga los mismos sentimientos y las mismas reacciones que cualquier otro hombre?

— No sé...

— ¡No puede ser! —afirmó el director de orquesta, con fuerza, con convicción—. Quien sabe escribir música a este nivel debe necesariamente tener una sensibilidad equivalente al menos a la que caracteriza a toda su música.

— No sé...

— ¡Ni yo tampoco sé qué pensar ya, por las barbas de Wagner! ¡Vámonos!

— ¿Adónde, Maestro?

— No lo sé: en busca de inspiración. Condúceme tú a los lugares en los que Mozart vivió y trabajó. ¡Quién sabe si dejó para nosotros alguna pista que nos lleve al buen camino!

Fue una larga, frenética e inútil carrera en automóvil, de un punto a otro de Viena, una ciudad que todavía mostraba con impudicia, como una terrible acusación, las profundas cicatrices de la guerra.

Habían sido destruidos por las bombas, reducidos a unos muros ruinosos, no sólo la Staatsoper, sino también el Burgtheater (el más antiguo Teatro Nacional y de la Corte), en el que se representaron por primera vez tres óperas de Mozart: *El rapto en el serrallo, Las bodas de Fígaro* y *Así hacen todas*. Estaba derruido el Auf der Wieden, íntimamente ligado al nacimiento de *La flauta mágica*;

había desaparecido entre los escombros de la Praterstrasse el histórico Theater in der Leopoldstadt; era como si jamás hubiese existido el Kärntnertor, ligado en cambio al estreno de *Idomeneo.*

En lugar de la pensión Trattner, donde fuero a vivir Mozart y su mujer nada más casarse, el director de orquesta halló la sucursal de una compañía americana; en el número 8 de Schulersstrasse, sólo una lápida en un anacrónico rascacielos (¿estaba fuera de lugar, era incongruente o carecía de sentido la lápida?) que recordaba que Mozart había vivido allí tres años. Después el Maestro quiso ir al "Rincón del Molinero" y allí sufrió la peor desilusión, porque la famosa taberna, lugar de reunión de los artistas vieneses, se había convertido en un "dancing" ruidoso y turbulento reservado a los oficiales aliados.

— Lléveme a la comandancia americana —ordenó al chófer, casi bufando de indignación y de impaciencia.

El mayor White se sintió muy honrado con la inesperada visita; pero, aun poniendo toda su mejor intención, no sabía cómo solucionar el problema:

— Perdone, Maestro —intentó recapitular—, pero es que no sé cómo hacer para ir de Viena a Salzburgo, con la carretera y el ferrocaril aún destruidos en gran parte... necesitaría al menos seis horas para programarlo.

— Y otras tantas de viaje... ¿Comprende, querido mayor, que yo no puedo perder un día entero? ¡Los ensayos me esperan!

— ¿Qué puedo hacer yo por usted?

— Concédame autorización para que un avión pueda sobrevolar la zona de ocupación anglo-americana a lo largo de la ruta Viena-Salzburgo.

— ¿Qué avión, dígame? —el oficial se levantó y pareció como si sus ojos se salieran de las órbitas.

— No sé exactamente... Un avión de la Armada Roja, que nuestros amigos los soviéticos tendrán la cortesía de poner a mi disposición.

— ¿Pero está loco? —el mayor se puso morado—. Un avión militar ruso... un permiso para sobrevolar...

— Sí, para ir a Salzburgo —explicó el músico con una inocencia fingida— me bastará media hora.

— ¡Olvídese de los rusos! —el oficial se transformó en un volcán en erupción—. Si necesita sin remedio un avión militar, yo mismo puedo conseguirlo, pero no... Vamos, ¿está bromeando?

— Si de verdad puede conseguirlo, a mí no me importa que sea ruso o americano, con tal que me lleve cuanto antes a Salzburgo...

Así, llegaron a Salzburgo antes de comer, gracias a la diplomática visita del director de orquesta.

— ¿Pero Maestro —preguntó Hans cuando estuvieron a solas—, cuándo fue usted a pedir el avión a los rusos?

— Yo no afirmé que ya había obtenido un avión de los soviéticos —sonrió el músico, guiñando un ojo—. Me he limitado a exponer mi optimista previsión de que los rusos me lo concederían si lo solicitara. Pero, como has visto, no ha hecho falta acudir a ellos: White ha sido más generoso... o más ingenuo.

En el aeropuerto militar de Salzburgo ya estaba preparado un gran automóvil con la estrella blanca del ejército americano, que llevó a toda velocidad al director de orquesta y al flautista al número 9 de la Getreidegasse, el palacio en el que, en un apartamento del tercer piso, vivieron los Mozart.

Durante todo el trayecto en coche, el director de orquesta no paró de despotricar de los salzburgueses:

— ¡Han hecho de Mozart una atracción turística! ¡No hacen más que programar semanas mozartianas y festivales, pero cuando vivía aquí el jovencísimo Wolfgang, nadie se dio cuenta de su genio, de su arte, de su grandeza! ¡El propio arzobispo, que lo tenía a su servicio como músico de la capilla a cambio de un sueldo irrisorio, lo despidió por una discordia de nada! ¡Incluso hizo que lo echaran a patadas!

Hans permanecía callado. Comprendía que el Maestro, presa de la rabia que le provocaba el "concierto" medio en el aire, necesitaba desahogarse, desquitarse con alguien, y los salzburgueses eran un blanco cómodo y fácil.

En el Mozarteum el director del museo, previamente avisado por teléfono, ya había hecho llevar a su despacho el original del "documento Da Ponte". El Maestro se retiró a un saloncito, para examinarlo a sus anchas. El papel estaba amarillento, esparcido por doquier de manchitas minúsculas de moho o de tinta corrida, debidas a la humedad, durante los muchos años que la copia manuscrita había sido guardaba quién sabe dónde y quién sabe cómo, antes de ser recuperada, restaurada y catalogada como pieza de museo.

— Me parece —observó Hans tímidamente— que no nos dice nada nuevo.

El Maestro llevaba unos minutos callado, concentrado, con los ojos entreabiertos y los labios apretados. Parecía desilusionado por no haber encontrado, en la copia manuscrita, lo que estaba buscando, aunque por desgracia ni siquiera él sabía lo que buscaba.

— ¿Qué te parece? —preguntó a Hans.

— Nada nuevo respecto a lo que ya sabemos: expresa sólo amargura, tristeza por la proximidad de la muerte.

— Sí, si nos dejamos influir por la historia del misterioso agente de la muerte... por el *Requiem* que Mozart estaba escribiendo más o menos al mismo tiempo que el "concierto"; si la lectura nos induce a suponer que los pensamientos y sentimientos de Mozart estaban dirigidos al pasado perdido y al futuro que ya no existiría para él...

— Eso dice la carta.

— No, eso dice la copia de una carta que tal vez sea fiel al original o tal vez no... de una carta que incluso podría ser distinta... ¡o que Mozart podría no haber escrito jamás!

— ¡Lleva el sello del notario...!

— El notario testifica que ésta es la copia fiel de

otro documento que le ha sido presentado, ¿pero quién nos dice que ese documento fuese auténtico y fiel al original?

— Maestro, no le sigo. Si ésta es una falsificación, ¿quién pudo tener interés en hacerla?

— Quizá lo hiciera de buena fe... tal vez un copista que no conocía el italiano y no se daba cuenta de lo que escribía. O bien alguien que necesitaba un "documento" con que convalidar sus tesis. ¿Cuántas veces han recurrido los historiadores y estudiosos a expedientes de este tipo para acreditar sus ideas artísticas, políticas, científicas e incluso religiosas? ¿Cuántas veces se ha eliminado con trucos de esta clase a un competidor, un adversario o un oponente?

— Pero los musicólogos... el profesor Wittelsbach...

— Sabes, Hans, en cada terreno artístico hay gente que no sabe entender e interpretar basándose en sus propios sentimientos, que necesita reunir hechos, nociones, pruebas para afianzar sus propias opiniones. Gente que relega los sentimientos, y por consiguiente el arte, a una mera técnica, a una historia banal; pero la técnica y la cultura nunca serán suficientes para hacer a un artista. Para un artista siempre tendrá un valor mucho mayor lo que sea capaz de conocer a través de su sensibilidad.

— ¿Y entonces —replicó Hans— por qué va usted también en busca de hechos, de pruebas, aquí o en Viena? ¿Qué importancia tiene que esa carta sea así o diferente, sea verdadera o falsa?

— Tienes razón: estoy perdiendo mi tiempo. Yo

no necesito "datos". ¡Yo sólo digo que en un espíritu que ha creado músicas como las de Mozart, puede haber resignación, melancolía, pero nunca añoranza ni desesperación! Incluso frente a la muerte, tendrá siempre conciencia plena de las cosas hermosas y sublimes que la vida le ha dado... ¡porque un verdadero y gran artista como Mozart esas cosas supo verlas, descubrirlas, escucharlas y gozar de ellas! Y el "concierto"...

El director de orquesta se interrumpió y quedó inmóvil en el centro de la habitación, como iluminado por una imprevista inspiración.

— ¡No es para nada un réquiem! —exclamó, reanimado, transformado por una repentina excitación—. ¡El "concierto" es una afirmación de serenidad, un grito de alegría! Así lo siento yo, y así lo sientes instintivamente tú también, Hans: una invitación a sus hijos y a todos los que le sucedieran, a gozar de la vida... ¡la vida que es tan bella, a pesar de los dolores, las aflicciones y las miserias!

— Usted cree que...

— ¡Sí, estoy seguro de ello! Sí, ése es precisamente el mensaje que Mozart quiso transmitirnos a través de su "concierto", su testamento musical: un mensaje de esperanza, una exhortación a no dejarse arrastrar por los horrores, a no rendirse ante las pruebas más duras... ¡una invitación a elevarnos por encima de nuestras miserias!

— Sí, ¿por qué no? —los ojos del flautista se iluminaron también—. Sí, no es un grito de dolor, sino un acto de amor... un acto de amor mucho más conmovedor dadas las condiciones humanas

y el momento en que Mozart lo consagró en su "concierto".

— ¡Por ese motivo, Hans, tú has podido comprenderlo antes y mejor que nadie! —el Maestro estaba excitadísimo—. ¡Porque nadie más que tú, que has conocido los aspectos más terribles de la vida, la pobreza, la soledad, la guerra, los *Lager*, aunque has tenido la fuerza de salir, de reconstruir tu futuro... nadie mejor que tú, Hans, puede entender y hacer entender a los demás que, a pesar de todo, la vida es bella, es alegría, es paz! ¡Hans, hemos encontrado la clave! ¡Toma tu flauta y toca! ¡Pon en la música tu grito de esperanza, un grito que supere los odios, las tribulaciones de hoy, los horrores de la guerra! ¡Un canto de amor, Hans, no un lamento de dolor!

Vencido por la misma excitación, el joven se llevó la flauta a los labios y dejó explotar los sentimientos que llenaban su corazón. Las salas silenciosas y frías del Mozarteum se llenaron de una música vibrante, excitante, gozosa...

— ¡Así, Hans, lo hemos logrado! —exultó el Maestro—. ¡Pon toda tu vida, la seguridad en la belleza de la vida! ¡Vive, canta, grita a los mezquinos que la vida es bella, es bella, es bella... fue y será siempre así de bella!

* * *

El famoso director de orquesta calló, su voz se apagó ahogada por los emocionantes recuerdos de tantos años pasados. Pulsó con sus manos ágiles y nerviosas las teclas del piano haciendo sonar algunas notas: la melodía del "concierto" de Mozart, al que estaba ligada gran parte de su vida.

Apoyó un brazo en el atril y posó en él su plateada cabeza, como agotado por la fuerza de los sentimientos que había hecho revivir con la narración.

En la enorme biblioteca todos permanecían en silencio, embargados por los mismos sentimentos.

Un antiguo reloj de péndulo dio la hora. El músico se sobresaltó. Miró con los ojos entreabiertos a los que le rodeaban; miró a los dos jóvenes enviados especiales del *Calabrone* y tuvo la certeza de que ellos también habían entendido no sólo sus palabras, sino también, y sobre todo, las vívidas impresiones que él había querido sugerir, exactamente igual que cuando empuñaba la batuta en el escenario para hacer de los sonidos los portadores de unos significados más profundos.

— Así —añadió en un murmullo—, con ese memorable concierto se terminaba mi aventura que empezó en Viena en el lejano julio de 1943. Precisamente gracias a ese concierto yo me convertí en el director de orquesta cuyo nombre aparece en grandes caracteres en los carteles pegados en las paredes de todas las grandes ciudades del mundo...

Extendió la mano para coger el álbum, en cuyas páginas coleccionaba los recortes más significativos de los innumerables artículos que se habían escrito sobre él, a lo largo de su intensa carrera. No tardó en encontrar el recorte que buscaba:

— Los críticos, a raíz de ese concierto, escribieron cosas maravillosas. Quiero leeros esto, por ejemplo... "Una interpretación dulcísima, arrebatadora, grandiosa; una música llena de serenidad, de alegría de vivir, incluso ante el dolor, hasta en las pruebas más duras. Este es el último mensaje del *Concierto para flauta* de Mozart, que la sensibilidad del director de orquesta ha sabido captar y transmitirnos..."

Dejó el álbum y se dejó llevar de nuevo por sus recuerdos, en el silencio respetuoso y compartido de sus invitados.

— Nunca olvidaré las caras que vi en el patio de butacas aquella noche, cuando me incliné para agradecer las ovaciones. ¡Estaban todos demasiado conmovidos para poder aplaudir! Se encontraban trastornados, turbados, abrumados... Los aplausos estallaron después de ese instante. ¡Americanos y rusos, franceses e ingleses, italianos y austríacos, todos habían comprendido el conmovedor lenguaje universal de la música... y espero que no lo olviden nunca más!

— Para usted debió ser una enorme satisfacción, Maestro.

— Sí, inmensa; pero el mérito no fue mío, ¿sabéis? Estoy totalmente convencido de ello. Y puedo decir que no fue tampoco de la música de Mozart.

— ¿Y entonces?

— Que todos comprendieran ese mensaje, que personas de pueblos tan distintos comprendieran esa exhortación a la esperanza, en un período todavía tan trágico y amenazador para Europa, en el que existía el temor a que la guerra pudiese volver a estallar de un momento a otro... bueno, el mérito fue sobre todo de Hans.

— Ya, el pobre Hans.

— ¡El gran Hans! —corrigió el Maestro—. El mensaje de amor de Mozart resultó aún más evidente por los sonidos limpios, exhortantes, llenos de ímpetu y de fe en el mañana que salían de la flauta del joven solista. Todavía lo veo, todavía lo oigo... Cuando, de pie junto a la tarima, preparado para interpretar su "solo", fue iluminado de lleno por un reflector oculto entre bastidores, el público sintió un escalofrío de angustia al ver ese rostro demacrado, esa espalda curvada, ese cuerpo desencajado al que la comida jamás habría podido devolver su juvenil plenitud, su vigor... Pero cuando salieron las primeras notas de la flauta, ese rostro se llenó de encanto, de esplendor; la figura del deportado se volvió erguida, invencible, gigantesca... Y las notas que emanaban de la flauta alejaron de la mente de todos el horror y la pena, para sustituirlos por el propósito de no malgastar más sus vidas, de saberlas vivir según los ideales más dignos.

El director de orquesta calló de nuevo para saborear los recuerdos hasta la última gota.

— Todavía veo al gran Hans en el centro de la orquesta —murmuró casi imperceptiblemente— apabullado por los aplausos... unos aplausos que le felicitaban también por la manera en que él había sabido salir victorioso de su personalísima y trágica batalla por la vida. Agachaba la cabeza, y en el rayo del reflector resplandecían diamantes, que eran lágrimas de emoción...

El célebre Maestro, entonces, se llevó un dedo demacrado a la ceja; pero lo hizo con desenvoltura, casi como si fuese una brizna de polvo la que le impulsase a hacer ese gesto. Sin embargo, cuando volvió a dirigirse a los dos estudiantes, su rostro estaba sereno y sonriente, como siempre.

— Si me permitís haceros una sugerencia, mis jóvenes amigos —dijo a los dos muchachos— desearía que escribiérais en el *Calabrone* lo que os voy a decir... un mensaje a todos vuestros compañeros.

— ¡Naturalmente, Maestro! Lo publicaremos en primera página. ¿Qué mensaje?

— Éste: ¡la vida es bella! Hasta en los momentos más difíciles, cuando parece que ya no puedan soportarse más los sacrificios, el dolor, la infelicidad... creedme, jamás habrá alegría más grande y más pura que la alegría de vivir. ¡No soy yo el único que lo dice... lo dice Hans... y Mozart!

alta mar

comentamos el texto

Capítulos 1-5

1. Comprensión

1.1. En la primera página de la novela se definen dos elementos fundamentales que caracterizan la *interpretación musical.* Identifícalos y explícalos.

....

....

....

....

1.2. *«¿Ejecución o interpretación? Esto es desde siempre un gran dilema»* (pág. 14). ¿Qué opina al respecto el director?

....

....

....

....

1.3. ¿Cómo se siente el director al final del concierto? (Cap. 1).

— satisfecho por el éxito obtenido
— insatisfecho por su propio trabajo
— preocupado por las críticas de los periodistas
— desilusionado por la orquesta

1.4. ¿Qué actitud tiene el director respecto a los dos muchachos que le quieren entrevistar? ¿Qué actitud podría haber adoptado una celebridad como él a la que le molestara ser entrevistado por dos enviados especiales de un periódico escolar? Indica por lo menos tres de ellas.

....

....

....

....

1.5 En el capítulo 2, ¿por qué motivo no está contento el director con el resultado de los ensayos de la *Pastoral*? ¿Comprenden los músicos esos motivos? ¿Cuál es su punto de vista?

....

....

....

....

....

1.6. Entre el final del capítulo 2 y el inicio del capítulo 3 hay un «desfase» de algunas horas. ¿Qué hace el director en ese lapso de tiempo?

....

....

1.7. ¿Cómo tiene lugar el encuentro entre el director y Hans? ¿Qué atrae la curiosidad del protagonista?

....

....

....

1.8. ¿Por qué en la página 46 Hans llama «pífano» a su flauta?

— los dos nombres tienen el mismo significado
— es una manera chistosa de ridiculizar su flauta, de poco valor
— es una manera de hablar en lenguaje coloquial

1.9. He aquí una serie de expresiones que se refieren a Hans, tomadas del capítulo 3. ¿Con qué situaciones están relacionadas?

— Hans siente un *legítimo orgullo* cuando ....

— Hans parece *muy tímido* cuando ....

— Hans se muestra *agitado* cuando ....

— Hans está *excitado y conmovido* cuando ......

1.10. Al principio del capítulo 4 encontramos al director empeñado en prepararse para el concierto. Enumera las distintas fases de su preparación:

1.º consulta la partitura ....

2.º ....

3.º ....

4.º ....

Este empeño suyo tiene un objetivo preciso, que es también la clave de su «interpretación» de Beethoven. ¿Cuál? ....

1.11 ¿Basándose en qué elementos el director y el musicólogo Wittelsbach establecen que el manuscrito es de Mozart?

....

....

1.12. Al principio del capítulo 5 el director y Hans hablan de la guerra y de la *Pastoral.* ¿De qué depende la actitud optimista del primero? ¿Y la fe del segundo?

....

....

1.13. En el mismo capítulo se hace alusión al rumor que corrió durante mucho tiempo entre los alemanes según el cual Antonio Salieri envenenó a Morzart por envidia. ¿Con qué argumentos el director demuestra que es un rumor falso?

....

....

1.14. El capítulo 1 de la novela se diferencia de los otros cuatro que componen este «bloque». Aclara de uno y de los otros:

— dónde se desarrolla la acción ....

— en qué período ....

— qué personajes aparecen ....

— los episodios principales ....

Haz un breve resumen de cada capítulo. Observa también cómo tiene lugar el «salto» del primer capítulo a los otros, cómo justifica el paso el autor. (Puedes hacerlo en tu cuaderno de trabajo.)

2. Expresión

2.1. En las primeras páginas de la novela se describe en pocos renglones la atmósfera que se crea al final de una ejecución musical en una sala de concierto.

¿Cómo se define el silencio?

....

....

¿Cómo se siente el público?

....

....

Explica palabra por palabra las expresiones usadas por el autor y enriquécelas con otras tuyas.

....

....

2.2. Identifica en el texto las siguientes expresiones:

disposición magnética (pág. 9)
mueca escéptica (pág. 24)
figura hierática (pág. 10)
gesto imperioso (pág. 44)

Examina los adjetivos, busca en el diccionario su significado y escribe un sinónimo.

....

....

....

....

2.3. Para dar la idea de su relación con la orquesta (págs. 11-12), el director recurre a una comparación. ¿Cuál? Explica si te parece adecuada o no, busca otros casos de relaciones entre personas a las que *se pueda o no se pueda* aplicar (por ej.: un profesor y su clase...). ¿Hay otras comparaciones en el capítulo 1? Encuéntralas.

....

....

....

....

2.4. Al hablar de la *Sinfonía n.º 94* de Haydn (pág. 9), el director emplea expresiones tomadas de un «lenguaje sectorial» concreto: el de la crítica musical. Escribe dichas expresiones.

....

....

....

....

....

2.5. En el Hotel Sacher aparecen varios militares nazis. Enumera los atributos con que se describe a:

— los oficiales (en el vestíbulo): ....

— El coronel (en el ascensor): ....

— el oficial de Marina (en el ascensor): ....

— el mayor de Aviación (en el ascensor): ....

2.6. En el capítulo 4 hay una breve descripción del musicólogo Wittelsbach. Puedes ampliarla a tu gusto, añadiendo rasgos físicos y psicológicos, y hacer un retrato más completo de este personaje.

....

....

....

....

....

2.7 Expón, reduciéndola a lo esencial, la teoría del director sobre el *«concierto desaparecido»* de Mozart.

....

....

....

....

....

....

2.8. He aquí una lista de términos musicales que aparecen en estos cinco primeros capítulos.

Busca en el diccionario los que no sepas. Pide ayuda a un profesor de música en caso de dificultad.

partitura	conservatorio	solo
armonía	contrapunto	pasaje
papel pautado	crescendo	sonata
fusa	concierto	pentagrama
divertimento	serenata	movimiento
disonancia	sinfonía	cantata

2.9. Tras la atenta lectura del intercambio de pareceres entre el director y el primer violinista sobre la función de la música (págs. 23-24), ¿quién crees que tiene la razón? ¿Por qué?

....

....

3. Averiguaciones

3.1. En los cinco primeros capítulos se nombran los siguientes compositores: Franz Joseph Haydn, Anton Bruckner, Johannes Brahms, Johann Strauss senior, Franz Suppé, Cristoph Gluck, Antonio Salieri y también se citan en el texto: Beethoven, Schubert, Liszt y Wagner. Escribe sobre uno o dos de estos músicos indicando lo más esencial sobre su vida y obras. Consulta una enciclopedia.

Capítulos 6-10

1. Comprensión

1.1. En el capítulo 6 el director y Hans se adentran en el Wienerwald para llegar al castillo de Kahlenberg. A continuación aparece una parte de diálogo. Ordena estas frases del mismo y especifica quién las pronuncia.

— *Vamos a presentarnos... Podemos explicar por qué nos encontramos aquí.*
— *Conozco esta parte del bosque como mis bolsillos.*
— *¡Maldita sea!... Deben haber puesto un comando en el castillo.*
— *...Hay otros puestos de guardia a los pies de la colina. Ellos se encargarán de atraparle.*
— *...quizá sea mejor que volvamos mañana, de día.*
— *Dejemos aquí las bicicletas y continuemos a pie.*

1.2. Durante el último ensayo antes del concierto, el director está preocupado por lo que haya podido sucederle a Hans. ¿Qué le hace sospechar al violinista Bruckner que algo va mal?

....

....

....

1.3. En Viena, cuando alguien quería hablar de temas que no agradaban a los nazis, ¿cuál era el lugar más indicado para hacerlo?

— un local público
— un parque
— una casa particular

1.4. En el capítulo 7 entra en escena por primera vez Wilhelm; lo que más impresiona de él son sus cualidades «morales». Indica cuáles son:

— calma y prudencia
— fuerza de espíritu y voluntad tenaz
— sentido crítico y sutil ironía

1.5. Tras su encuentro con Wilhelm, el director regresa al hotel. Allí le espera un oficial nazi que:

— quiere interrogarle acerca de Hans
— quiere arrestarle por la incursión nocturna en Kahlenberg
— quiere un autógrafo suyo

1.6. Distingue las afirmaciones verdaderas de las falsas (cap. 8).

— El director invita a su casa sólo a los enviados especiales del *«Calabrone»* *V F*
— El director vive en un bloque de viviendas populares *V F*
— Cuando está libre, se retira a la campiña umbra *V F*
— En la cajita metálica guarda una docena de cintas magnéticas *V F*
— *La Novena Sinfonía* de Beethoven era la sintonía de Radio Londres *V F*
— Radio Londres era una emisora clandestina *V F*

1.7. Después del concierto en Viena, en 1943, el director logra cruzar las líneas, pero no reunirse con su familia en Sicilia. ¿Por qué? ¿Dónde se refugia? ¿En qué episodio histórico se halla implicado cuando decide cruzar las líneas y unirse a los aliados?

....

....

....

....

1.8. Relee el capítulo 8 y completa el siguiente esquema histórico:

— Roosevelt y Churchill invitan a los italianos a .

....

....

— El 25 de julio de 1943, Benito Mussolini ....

Y Prieto Badoglio ....

— El 8 de septiembre se anuncia ....

— Desde este momento cesan las hostilidades entre ....

— El mariscal Kesselring ....

— Los paracaidistas alemanes liberan.................

Que da vida a la ....

— El 22 de enero de 1944 los angloamericanos .

....

....

1.9. Tras el bombardeo de Montecassino (cap. 9), ¿logran los aliados conquistar la abadía y avanzar? ¿Cómo lo hacen?

....

....

....

1.10. Tras el triunfal concierto en la Basílica de Majencio en Roma (cap. 10), un oficial americano propone al director firmar un contrato y trasladarse a los Estados Unidos. Pero él se niega. ¿Por qué? Tras el concierto en el castillo Sforzesco en cambio...

....

....

....

....

1.11. Cuando el director regresa a Viena al cabo de siete años, encuentra a Wilhelm, pero no al violinista Bruckner. ¿Qué ha sido de él?

....

1.12. Los capítulos que van del 6 al 10 no son homogéneos, es decir, no tratan un único .... los dos primeros son la continuación de .... mientras que en los últimos hay un cambio de ... y una alternancia continua de tiempo entre .... y ....
El director evoca en parte la acción en .... en parte la narra en .... persona.

2. Expresión

2.1. Cada uno de los siguientes sustantivos van unidos en la novela a un adjetivo concreto. Aquí te los damos desordenados. Une con flechas las parejas exactas:

copas	negra
oficiales	enojada
adversidad	frondosas
mueca	clamoroso
murallas	acicalados
aplauso	inaccesibles
acento	derruidas
escarpas	teutónico

2.2. Explica el origen y el significado, en el contexto, de estas palabras:

«pomposa» deriva de ....

y significa ....

«firmes» deriva de ....

y significa ....

«bombonera» deriva de ....

y significa ....

«zafarse» deriva de ....

y significa ....

«cubitales» deriva de ....

y significa ....

2.3. En el capítulo 8, busca todos los elementos que definen la suntuosidad del palacio del siglo XVII en que se hospeda el director. Amplía o modifica la descripción a tu gusto, dando una idea lo más precisa posible de cómo te imaginas un ambiente como éste.

....

....

....

....

....

2.4. Expresa con otras palabras las siguientes frases simbólicas:

— *«...el terror había puesto alas a los pies del lift»*

....

— *«...esta noche haremos furor»*

....

— *«...ya ha librado a más de una persona de las garras de los esbirros.»*

....

— *«...fue un trabajo afanoso llegar a la salida.»*

....

— *«...si no nos han eliminado antes.»*

....

— *«...se lamentaban en el esperanto del dolor.»*

....

— *«...al cabo de unos minutos sus lenguas se soltaron.»*

2.5. En el capítulo 9, el autor describe el bombardeo de Montecassino con una serie de detalles y una participación que hacen que el episodio sea mucho más real que el que se pudiera ver, por ejemplo, en una película. Podemos decir en esta ocasión que el lenguaje no tiene nada que envidiar a la imagen.

Después de distinguir y analizar en el capítulo las partes descriptivas, prueba a realizar un trabajo similar, imaginando que eres un periodista que tiene que seguir y relatar una hazaña en la que están implicados hombres, naturaleza y emociones. No ha de ser necesariamente una hazaña bélica, sino algo que te haya impresionado de manera especial.

....

....

....

....

....

....

....

....

....

....

....

....

....

2.6. En el capítulo 10 hay una bonita comparación. ¿La recuerdas?

El teatro es ....

el Maestro es ....

y los músicos son ....

2.7. En estos capítulos hay numerosas expresiones del «lenguaje militar». Localiza tres de ellas y define su significado:

....

....

3. Averiguaciones

3.1. La esvástica o «cruz gamada» a que hace alusión la novela, emblema de la dictadura hitleriana, no fue inventada por el nazismo. Consultando una enciclopedia te resultará fácil descubrir que la esvástica es un símbolo antiquísimo. Precisa qué pueblos la difundieron, qué carácter tenía, qué representaba.

3.2. Puedes averiguar también el significado de los términos *«führer»* y *«duce»*.

3.3. Roosevelt, Churchill, Pío XII, Eisenhower, Kesselring, Alexander: he aquí algunos personajes nombrados en este capítulo de la novela. Enmárcalos históricamente, indicando sus nacionalidades y el papel que desempeñaron en el conflicto.

Capítulos 11-15

1. Comprensión

1.1. Al principio del capítulo 11 se vuelve a hablar de «interpretación musical». Según el autor, ¿qué objetivo logra alcanzar el concierto del director en el teatro An der Wien? ¿Y de qué se enorgullece el protagonista?

....

....

....

1.2. Hans, ya adulto, juzga su aventura en el castillo de Kahlenberg como:

— un acto de valor
— un golpe de desventura
— una locura

¿Qué pensaba de ello, en cambio, cuando era un muchacho?

....

1.3. ¿Qué reacciones suscita el discurso de Hans, en el director y en los demás oyentes?

indignación
remordimiento
rabia
perdón
pena
indiferencia

1.4. *«¿Tienes todavía aquel viejo pífano?»* (pág. 164). La flauta de Hans vuelve a ser designada con un término incorrecto. ¿Por qué motivo?

....

1.5. En el episodio del regreso del director a Kahlenberg, la actitud del protagonista es muy diferente de la de los militares que le acompañan. Distingue los aspectos que demuestran su superioridad respecto a los americanos y al ruso.

....

....

....

1.6. Di cuáles de estas afirmaciones son verdaderas y cuáles falsas.

— El director reconoce a Hans gracias a un anillo de acero *V F*
— A Hans le descubrieron por la noche en el desván *V F*
— Tras salir del *Lager,* Hans se dedica a estudiar música *V F*
— Antes de ir a Viena, el director estaba seguro de que encontraría a Hans allí *V F*
— Tras hallar el manuscrito, el protagonista decide dirigir el concierto en la zona de ocupación americana *V F*

1.7. ¿Qué valores quiere exaltar el director con su iniciativa referente al concierto hallado de Mozart?

....

....

1.8. En el momento de iniciar los ensayos del famoso concierto, el director siente pánico. ¿Por qué? ¿Y qué le hace recobrar la serenidad necesaria para comenzar?

....

1.9. ¿Por qué motivo, en el capítulo 13, el director suspende los ensayos del concierto?

— para descansar, porque está agotado después de tantos días de trabajo
— para permitir que Hans estudie a fondo su parte
— para descubrir el estado anímico de Mozart en el momento de componer el *Concierto para flauta*

1.10. ¿Cuál es la *«diplomática visita»* que hace el director para obtener un avión militar que le lleve a Salzburgo? (Cap. 15).

....

1.11. ¿Basándose en qué argumentos el director llega a afirmar que ese concierto de Mozart es *«un grito de alegría»*?

— un atento examen de la partitura
— el «documento Da Ponte»
— una intuición personal

1.12. ¿Cuáles son los motivos por los que Hans recibe tantos aplausos al final del concierto?

....

....

1.13. Los capítulos que van del 11 al 15 constituyen en la estructura de la novela un bloque bastante homogéneo que gira alrededor de un tema. Distínguelo y pon un título al conjunto de los cinco capítulos. Después da un subtítulo a cada uno de ellos que resuma su contenido.

....

....

....

....

....

2. Expresión

2.1. Distingue las expresiones empleadas en el encuentro entre el director y Hans que definan el dramático aspecto de este último.

....

....

....

....

2.2. En el capítulo 11, Hans relata su aventura. Establece cuáles son los momentos esenciales de la misma, ilústralos dibujando una serie de viñetas y escribe en cada una de ellas una breve leyenda. La serie de leyendas te dará la estructura del episodio. (Hazlo en tu cuaderno.)

2.3. Busca, al principio del capítulo 12, las expresiones con que se define a los deportados en los *Lager.* ¿Por qué el autor habla en particular de «animales y no hombres»?

....

....

....

2.4. En la página 168 se emplean, para describir el Wienerwald, algunas expresiones que podríamos definir de «prosa poética». Piensa en algún bosque que conozcas y enriquece la descripción.

....

....

....

2.5. En la página 181 se habla de «orquestación», es decir, del «arte de emplear y combinar en una composición los distintos instrumentos de una orquesta». Subraya el sinónimo de este término:

— orquesta
— instrumentación
— audición

2.6. *«Entró en la habitación contigua como una avalancha».* De nuevo, una analogía. Busca otras en este bloque de capítulos.

....

....

2.7. En la música de Mozart, según afirma el director *«puede haber resignación, melancolía, pero nunca añoranza ni desesperación».* Explica con precisión el significado de estos cuatro sustantivos.

....

....

....

....

2.8. Mozart era *«músico de capilla»* del arzobispo de Salzburgo. Explica su significado.

....

....

2.9. Selecciona en las últimas páginas de la novela los adjetivos más o menos relacionados con la *«alegría de vivir».* Escríbelos.

....

....

3. Averiguaciones

3.1. *«Aseguraron su participación los personajes más ilustres de Europa y América»* (pág. 180). Con el libro de historia en la mano, redacta una lista de unos quince personajes de la época que podrían haber intervenido en el famoso concierto. Si no es suficiente el libro de historia, recurre a una enciclopedia.

3.2. En el capítulo 15 se citan algunas óperas de Mozart:

El rapto en el serrallo, Las bodas de Fígaro, Así hacen todas, La flauta mágica, Idomeneo rey de Creta.

¿Qué otras famosas óperas escribió el compositor austríaco? Escoge una y averigua su trama, luego ilustra una escena de la misma con uno o varios bocetos a lápiz.

3.3. En los cinco últimos capítulos se vuelve a hablar mucho del *«Concierto para flauta»*.

¿Pero qué es la flauta? Haz una redacción basándote en estos puntos:

— descripción del instrumento
— su historia y destino
— diversos tipos de flauta

4. Análisis del conjunto

4.1. Hojeando la novela, busca todas las informaciones que aparecen en ella sobre la vida de Mozart. Complétalas buscando información en alguna enciclopedia. Y podrás componer una pequeña biografía del músico.

4.2. También en este caso, después de reunir todos los elementos, puedes retroceder en el tiempo y realizar una entrevista imaginaria al famoso compositor austríaco.

4.3. Después de escuchar la sinfonía de Beethoven, expresa a tu manera las sensaciones que te suscita. También puedes ilustrar los distintos «movimientos» de la misma con una serie de viñetas en color. Según tu parecer, ¿Beethoven habría preferido dibujos realistas (el temporal con nubarrones y relámpagos...) o dibujos abstractos (manchas de color, matices, contrastes cromáticos...)?

4.4. Examinemos la estructura de la novela. Hay partes ambientadas en 1943-44, otras que nos trasladan a 1950, algunas nos sitúan en el presente. En tres hojas distintas, cita los episodios que se desarrollan en cada uno de estos tres períodos. Precisa los capítulos en que aparece cada episodio, los escenarios de la acción, los personajes que figuran en ella. Como verás, hay lugares y personajes que aparecen en más de una lista. ¿Cómo se combinan los lugares entre un período y otro? ¿Y cómo se modifican los personajes?

4.5. En lo que respecta al protagonista, ¿en la novela aparecen descripciones físicas de cuando era joven y de cuando es ya viejo? ¿Cambia su carácter con el paso de los años?

4.6. ¿Por qué piensas que el autor ha elegido una estructura basada en visiones retrospectivas? En dicha estructura, ¿qué función tienen los personajes de los dos muchachos de bachillerato?

4.7. Por último, ponte en el papel de los dos *«enviados especiales»* del «Calabrone» y escribe el artículo que podría resultar de la larga entrevista al director.

Índice

Colección altamar

Series

A — Aventuras

M — Misterio

NH — Novela Histórica

H — Humor

P — Poesía

CF — Ciencia Ficción

T — Teatro

C — Cuentos

Títulos publicados

1. Carmen CONDE. *Despertar* (P).
2. Montserrat del AMO. *El abrazo del Nilo* (A).
3. Fernando ALMENA. *Los pieles rojas no quieren hacer el indio* (T)
4. Ángela C. IONESCU. *«Déjame solo, Joe»* (C).
5. Gianni PADOAN. *Concierto de Libertad* (NH).
6. Juan FARIAS. *Los apuros de un dibujante de historietas* (H).
7. Carlos MURCIANO. *La rana mundana* (P).
8. Juan MUÑOZ. *Las tres piedras y otros cuentos* (C).
9. Juana Aurora MAYORAL. *La cueva de la Luna* (CF).
10. Sauro MARIANELLI. *Una historia en la Historia* (NH).
11. Pilar MOLINA LLORENTE. *Aura gris* (NH).
12. Jean GUILLORÉ. *El viaje de Nicolás* (A).
13. Samuel BOLÍN. *Los casos del comisario Antonino* (M).
14. R. Hubert VON BISSING. *La tierra del oro ardiente.* (A).
15. Elvira MENÉNDEZ. *La máquina maravillosa* (CF).
16. Jules ROMAINS. *Knock o El triunfo de la medicina* (T).
17. Fernando Almena. *Marcelo Crecepelos* (H).
18. Juan MUÑOZ. *El feo, el bobo y el malo* (C).

Títulos en preparación

Blanca GARCÍA-Valdecasas. *Los chicos de la Maraña* (A).
Fernando G. TEJADA. *Noche de luna con gatos* (T).
Alan C. McLEAN. *El fantasma del valle* (A).
Emilio SANJUÁN. *Simón, Simón...* (H).
José Luis VELASCO. *El Océano Galáctico* (CF).
Christopher KNOCK. *Edgar Wallace y el caso Software* (M).
Gloria FUERTES. *La poesía no es un cuento* (P).

